AF485446

Te enamoraste de tu sombra

Vínculos psicópatas y narcisistas.
El camino de regreso a vos.

Juli Ferrario

Ferrario, Juli

Te enamoraste de tu sombra : vínculos psicópatas y narcisistas el camino de regreso a vos / Juli Ferrario. - 1a ed. - Ciudad Autónoma de Buenos Aires: Soul, 2023.

158 p. ; 20 x 14 cm.

ISBN 978-987-48038-3-2

1. Crecimiento Personal. I. Título.
CDD 158.1

Corrección a cargo de Danila Belintende

Dirección Editorial
Yanina Orrego

© TAHIEL ediciones 2023
Av. Rivadavia 6743 (Loc. 71)
(+54-11) 4-632-6136
info@tahielediciones.com.ar
Capital Federal – Argentina
www.tahielediciones.com.ar

Presentación

Soy un simple ser humano buscando trascender los estereotipos delimitados por la sociedad. Soy un sinfín de universos paralelos en su eterna búsqueda del Ser. Soy esto que estás viendo, pero también, soy la contracara. Aquello que ves en mí, es lo que buscás ver hoy en vos.

Toparme de frente con mi lado más oscuro y reprimido fue de las mejores experiencias que pude haber vivido a tan corta edad. Aunque no niego que fue, también, de las experiencias más intensas que me han tocado transitar hasta el momento. Replantear mi camino recorrido fue encontrarme con profundos vacíos. Largas horas de autocuestionamiento me llevaron, finalmente, a derribar muros para encontrar en mí lo que deseo que también encuentres en vos.

Considero que la vida es un *proceso* y, mi crecimiento personal y profesional, un estilo de vida. Me recibí de la Licenciatura en Administración de Recursos Humanos en la Universidad del Salvador en el año 2017. Luego de **muchos** años cargando con el afán de ser la niña perfecta para mi familia, me dispuse, una vez recibida, a tomarme un año sabático, disfrutar de viajar y liberarme de algunas estructuras que sentía **que tenía** muy arraigadas.

Un año, que se terminó convirtiendo en **tres**, de excesiva libertad y aprendizaje en el campo de la vida. Un lapso de mi vida **en el** que, si bien mi propia inconsciencia me llevó a límites muy inhóspitos y riesgosos, todo lo vivido me dotó de mucha sabiduría para estar donde estoy hoy.

Internamente, siempre sentí que mi carrera de grado tenía una gran limitante respecto a la forma que yo, por mi forma de ser, tenía de percibir a las personas. Algo dentro mío no consideraba quedarse con la vaga idea de ver al humano como un simple recurso. Más bien me **gustaba** ver a las personas como SERES humanos, con una historia y un bagaje de vida personal detrás **que** moldea a la persona que elige ser en su adultez. Es por esto que me abrí a estudiar algo diferente, **que** alimentara esta idea de no limitar mi mirada a lo que me habían enseñado en la Universidad.

En el año 2020, en plena pandemia, mientras convivía con mi ex pareja (el protagonista de esta gran historia), y atravesaba una profunda e intensa depresión, una tarde, buscando en internet sobre "cómo salir de situaciones conflictivas en la pareja", me topé con el Postgrado en Bioneuroemoción® del Instituto de Enric Corbera. Algo dentro de mí me dijo instintivamente que mi camino de aprendizaje seguía por ahí. A partir de comenzar a estudiar el método, un nuevo lenguaje y una nueva percepción comenzaron a gobernar mi día a día. Lentamente, comenzaba a despertar a una realidad diferente.

En el año 2021, meses después de haber decidido terminar un vínculo de pareja muy tóxico y de haber tomado las riendas de mi vida, una empresa de *software* me contactó para ocupar la posición de HRBP (*Human Resources Business Partner*) y desarrollar el área de Recursos Humanos **desde** cero. Fue una gran oportunidad para experimentar todo lo que mi alma necesitaba, en un ambiente como lo es el **del** mundo corporativo, y, por fin, desplegar mis alas en el mundo profesional.

En aquel entonces, aún vivía en casa de mis padres. Sin embargo, muy en el fondo sabía que este gran paso de aceptar trabajar en un ambiente corporativo me abriría las puertas para crecer personal y profesionalmente y para poder independizarme de mis padres en algún momento.

Mientras trabajé en esta empresa, opté por construir en paralelo una marca personal para expandir conciencia en redes sociales, a partir de todo lo que había aprendido en el Postgrado y todo lo que en paralelo comenzaba a ver reflejado en mi experiencia de vida.

En Abril del año 2022 logré independizarme de mis padres e irme a vivir a Pilar, Provincia de Buenos Aires. En aquel entonces, y mientras todo este movimiento se daba en mi experiencia de vida, mi marca personal en redes comenzó a tener un crecimiento que superaba ampliamente la idea de negocio que había construido en mi cabeza. Situación que me impulsó a tener que tomar una decisión que implicaba nuevamente tomar las riendas de mi vida: renunciar a mi posición como HRBP en la empresa de *software* y volcarme de lleno en el mundo del emprendedurismo.

En agosto del 2022 comencé a notar cierto "estancamiento" y opté por seguir profundizando mi carrera profesional como referente en el mundo del bienestar. Comencé a formarme para ser Terapeuta Transgeneracional y, así, abrirme a una mirada un poco más allá de todo lo que había aprendido durante el Postgrado en Bioneuroemoción®.

Actualmente, cuando me preguntan a qué me dedico, respondo que tengo una Marca Personal de Expansión de Conciencia. Rara vez las personas comprenden de raíz y en primeras instancias mi peculiar profesión. Si bien parecerá bastante paradójico por lo que expondré a continuación (aunque, lo comprenderás mejor cuando vayas avanzando en la lectura del libro), nunca me gustó ser el centro de atención de absolutamente nada. Sin embargo, mi profesión despierta mucha curiosidad.

Cuando se abre espacio en mi experiencia a que cuente sobre mí y a lo que me dedico hoy por hoy, mi cabeza intenta buscar formas de expresar de manera simple lo que hago todos los días de mi vida. Querido/a lector/a, lo que intento es generar, a través del poder de la palabra, un cambio de percepción **de las** temáticas que suelen ser conflictivas y problemáticas en la vida de las personas.

Estamos tan apabullados por la mente y tan acostumbrados a interpretar lo que nos sucede, que nos terminamos perdiendo del gran aprendizaje que subyace a cada experiencia que vivimos. A través de mi profesión, mi objetivo es abrir espacios de auto cuestionamiento **en los que** la persona misma se permita recorrer vías diferentes **a** las que venía eligiendo transitar, alcanzando así una nueva perspectiva de su propia realidad.

Si bien a lo largo de todo el libro conocerás, en profundidad, mi vida íntima, considero oportuno sumar a esta pequeña presentación lo siguiente: me crié en la Ciudad Autónoma de Buenos Aires, particularmente en el barrio de Belgrano, junto a una hermosa familia conformada por mi padre, David, mi madre, Myriam y mi hermano mayor, Matías. Hermosas almas a las cuales agradezco infinitamente las enseñanzas y posibilidades que me han dado a lo largo de toda mi infancia para ser la persona que soy hoy. Por cierto, gracias a ellos que fueron las personas que me criaron y de las cuales me referencié durante tantos años, hoy soy la persona que soy con los valores que elijo sostener, por la calidad de padres que la vida me regaló.

Esta es una partecita minúscula de mi historia. Quiero continuar mi propio viaje acompañándome a través tuyo. No quiero dirigir tu camino, ni mucho menos cambiarte. Simplemente, deseo que mi naturaleza más auténtica te inspire y ayude a iluminar tus propias sombras. Porque iluminándote, yo también me ilumino.

Y, si vos despertás, yo también despierto.

Preámbulo

Estuve durante 2 años en pareja con una personalidad totalmente psicópata y narcisista. Me atrevo a decirlo sin diagnóstico mediante. Sé muy bien lo que viví: una dependencia emocional, sexual y económica que me impidió por mucho tiempo salir del vínculo y hacerme valer por mí misma. Una etapa de mi vida que se terminó convirtiendo en una eternidad, para la grieta y la profunda herida que permití que todo lo vivido dejase en mi cuerpo emocional. Es increíble cómo de momentos mi cabeza aún busca aminorar la carga y me intenta hacer creer que "no fue tanto"; notorio mecanismo de defensa construido por mi mente para no volver a conectar con la profundidad de aquel dolor que, después de dos años, aún puedo recordar. A lo largo de este libro, reencarnaré todos los detalles de mi experiencia para concientizar y dar a luz mi historia e intentaré, desde mi humilde lugar, acompañar a muchas mujeres y hombres que están sumergidos o han vivenciado vínculos similares al que transité.

Soy consciente de la profunda herida que deja el haber estado en contacto con una personalidad así. Conozco las inseguridades y los complejos que quedan después de haberte compartido de manera inocente con una mentalidad tan enroscada como la de un psicópata y narcisista. Soy consciente de la cantidad de dudas con las que te vas cuando un vínculo de esa índole se termina, ya sea porque lo termines vos o esa persona. Puedo sentir y comprender lo que es salir a relacionarse nuevamente y estar en alerta a cada minuto, sin capacidad alguna de disfrute, desconfiando de cada palabra y cada acción.

Quiero contarte algo: desde muy chica siempre tuve sueños extraordinarios. El simple y mero hecho de ponerlos en palabras, hasta a mí me resultaba extraño. La mayoría de las veces preferí dejarlos guardados dentro de mí, mientras mi mundo interno iba desatando lentamente su expresión y me iba conduciendo a su hermosa materialización.

Sueño con la utopía de un mundo en el que el amor sea la base de nuestro accionar. Para ello, soy consciente de que sería bueno darle cierta identidad, profundidad y análisis a todos aquellos vínculos que no prosperan, por falta de construcción o, podríamos decir también, por falta de *amor*.

Antes de comenzar a narrar mi historia quisiera decirte algo: creo que el paraíso no es un lugar al que se llega muriendo, creo que el cielo es un estado de conciencia que es posible vivenciar en el aquí y ahora. Enamorarse del eco del Universo es comenzar a vivir una experiencia de vida donde absolutamente todo busca su espacio para ser observado. Partiendo de esta base, hay una información muy interesante que subyace a la idea de habernos vinculado con personalidades psicópatas y narcisistas. Y, por esto mismo, es que no quise quedarme en la superficie y solo considerarme "víctima de todo lo que mi ex pareja me hizo", sino que quise buscarle la vuelta, ir al fondo de la cuestión y encontrar qué tenía que ver conmigo todo lo que había elegido vivir.

Hay quienes prefieren aferrarse al dolor y quedarse ahí, y hay quienes prefieren convertirlo en aprendizaje y fluir en la corriente incesante de experiencias que la vida pone a su disposición cuando tiene la fuerza suficiente para rearmarse después de un profundísimo dolor. Este libro es para los segundos, para aquellos que confían en esa energía vital que corre por sus venas, la misma energía que hace brillar a cada estrella. Se lo dedico a todas aquellas almas que quieren bailar con sus sombras y zambullirse en la perfecta sincronía que les trae el vincularse amorosamente con alguien a lo largo de su vida y a todas aquellas almas que están dispuestas a abandonar el ritmo clásico de la multitud y se atreven a danzar nuevas melodías.

Este será un viaje profundo hacia tu proceso de sanación. No es casual que estés acá. Pero necesito dejarte en claro que, luego de esta primera etapa, para completar tu proceso de aprendizaje resultará muy necesario pasar de la información que encuentres en este libro a la acción. Y, para hacer del aprendizaje un proceso continuo, deberás reflexionar sobre las consecuencias que trae aparejado el hecho de comenzar a hacer *movimientos* en tu vida. Tu infinita presencia te ayudará a ir reconociendo los desvíos a los que tu mente intentará llevarte con la intención de que continúes por las rutas ya conocidas y transitadas. Vivir estos desvíos será un gran aprendizaje en tu camino para que, con convicción, logres volver a tu eje, reafirmándote en aquello que sí querés para tu vida, pues en muchas ocasiones el patrón mental es más fuerte que el deseo de cambiar y es importante que alcances una conciencia tal que te permita observar estos desvíos, para volver a encaminarte en tu deseo y que este sea el motor impulsor de tu transformación.

La energía que le destines a este proceso de sanación dependerá de la brecha que exista entre tu realidad presente —con todo el estado emocional en el que te encuentres— y la visión que tengas de una realidad más deseable. ¿Por qué digo esto? Porque necesitarás contar con un ideal que te impulse a utilizar tus recursos y tu energía en aras de hacerlo realidad. Estamos acostumbrados a saber muy bien lo que NO queremos y terminamos drenando toda nuestra energía llevándola a eso, pasando por alto aquello que SÍ queremos. Por esto mismo, necesitarás de una firme convicción y confianza plena para modificar el curso de tus acontecimientos y materializar los cambios en tu experiencia de vida, a través de tu capacidad de acción. En palabras sencillas: sin una insatisfacción con tu situación presente y sin una visión de un futuro mejor, no existe razón alguna para actuar.

Es muy importante correrte de la posición de víctima, para poder percibirte como protagonista de este proceso de sanación que estás deseando transitar. Quisiera que, a partir de ahora, comiences a dejar atrás todas las frases que intenten iniciar con un "me hiciste", "me generaste", "terminé así porque me fallaste", "me dejaste", "me anulaste" o un centenar de posiciones victimistas similares, que seguramente aparezcan en el camino para entorpecer tu proceso y demorar tu integración. Te invito a disfrutar del proceso y a desapegarte del resultado, en paz con lo que pase.

Me siento a punto de abrir un baúl viejo lleno de recuerdos. Deseo que disfrutes cada línea y puedas sentir conmigo todo lo que iremos movilizando en este viaje.

Mi despertar es el tuyo también.

Capítulo 1: Vivimos en un mundo dual

Estamos sumergidos en un mundo dual, en donde para todo hay una doble forma de observar. A lo largo de este libro, te compartiré con total honestidad y apertura mi experiencia desde la perspectiva y el análisis que fui haciendo de mi historia personal. Te invito a ir encontrando, a través de mi historia, el reflejo de la tuya, para que puedas hilvanar y atar cabos de acuerdo a los extremos que fuiste viviendo en tu propia experiencia de vida. Vamos con un simple ejemplo: si yo digo que mi papá no creció ni se desarrolló profesionalmente, y el tuyo sí, podrás hacer el análisis desde la polaridad contraria. Dejate resonar y permití que tu mente y corazón se alineen en búsqueda de respuestas, las cuales irás encontrando a través del hermoso espejismo de la vida.

Entonces, como seres humanos duales, pertenecemos a la superficie y a la profundidad, al amor y al odio, al pensamiento y a la emoción. Si bien creemos que la vida está hecha de contradicciones y de aspectos que se chocan entre sí, estamos totalmente errados. La vida está conformada por *opuestos que se complementan*. Solo en nuestra mente las cosas aparecen como opuestas y sólo en nuestra mente no podemos entender, ni tenemos la capacidad de concebir, cómo dos miradas que son opuestas pueden ser una. Toda esta existencia, miremos desde donde la miremos, es un encuentro de muchas dimensiones. La mente humana observa el mundo a través del filtro de la dualidad.

La dualidad se manifiesta en el cerebro humano a través de dos hemisferios: el izquierdo, el cual despliega atributos relacionados a la energía masculina, y el derecho, el cual despliega atributos relacionados a la energía femenina.

Comprendiendo esto, así como a nivel psíquico se despliega esta dualidad, en la realidad en la que estamos también vemos todo de la misma manera. Y, como dice un mito, *los opuestos se atraen*. Este dicho simplifica a la perfección que venimos de la creencia de que una persona está incompleta por sí misma y que, por tanto, al conocer a otra persona que es lo opuesto a ella siente una fuerte atracción, para, así, conseguir *completarse*. El problema está en que, viniendo de esta creencia, estamos constantemente buscando a aquella persona que nos completa, desde nuestro propio desequilibrio. Así es como salimos a interactuar con el entorno más próximo que tenemos, creyendo que somos una cosa y no la otra, cuando en realidad somos TODO.

La energía femenina y la masculina

Lo masculino y lo femenino son como una pareja de amantes que conviven en nuestro templo interior, es decir, en nuestro cuerpo físico. Integran toda aquella información interna y sutil que opera dentro de nosotros, invisible a los ojos del ser humano, aunque detectable a través del espejismo de la vida. La calidad de nuestra vida depende de cómo se relacionan estas dos energías, el mundo que nos rodea está construido de acuerdo con este esquema. En la versión más inmadura, estas dos cualidades están muy desequilibradas y separadas y se atraen de manera inarmónica, o se repelen y luchan entre ellas tratando de prevalecer una por sobre la otra.

El gran conflicto se desata cuando negamos una de las energías y esta dualidad interna se desequilibra. Cuando negamos una parte de nosotros, terminamos reprimiendo nuestro potencial. El gran desafío es alcanzar que ambas energías estén en equilibrio. Por ejemplo, si la energía masculina está muy potenciada, tendemos a racionalizar todo lo que sucede a nuestro alrededor, desconectándonos así de las emociones. Como mencioné algunas líneas atrás, somos pensamiento y somos emoción. Si nos polarizamos mucho en la razón, se bloquea la emoción. Si nos polarizamos mucho en la emoción y nos ahogamos en ella, no tendremos la capacidad de usar la razón para discernir nuestra realidad. Como dice un gran maestro, Osho: "los extremos son sostenidos solo por ideas" y las ideas que sostienen los extremos en los que nos encontramos, son totalmente personales y están teñidas de la historia personal que cada uno ha vivido.

Volviendo al universo de las energías, la **energía femenina** está relacionada con la intuición, lo espiritual, todo aquello que escapa al mundo físico. Es desear, ser, gestar, atraer, inspirar, eso que sentimos en nuestro interior. Se caracteriza por ser una energía calma, nutricia, seductora y receptiva. En contraposición, aunque complementaria, está la **energía masculina** que se caracteriza por accionar, dar, hacer, sembrar, motivar. Impulsa hacia afuera: conquista, busca, va. De aspecto racional, es la fuerza para tomar decisiones. Se focaliza en la supervivencia, en todo aquello del mundo material que necesitamos para vivir.

Podemos observar, en la ilustración socialmente conocida como *Ying* (energía femenina) y *Yang* (energía masculina), que dentro de la parte negra hay un círculo blanco, que quiere decir que en el corazón de la parte femenina existe energía masculina; y el círculo negro en la parte masculina recuerda que también allí hay energía femenina. Cada parte necesita de la otra para lograr el equilibrio. La armonización de estas energías opuestas en nuestro interior, logrando un perfecto equilibrio, es la clave para que muchos de nuestros proyectos obtengan buenos resultados.

Te compartiré, a continuación, un cuadro para que te sirva de referencia:

ENERGÍA FEMENINA	ENERGÍA MASCULINA
Proyección hacia el interior.	Proyección hacia el exterior.
Colectivo.	Individual.
Planeación.	Acción.
Introversión.	Extroversión.
Enfoque externo.	Enfoque interno.
Interdependiente.	Independiente.
Colaborativa.	Competitivo.
Intuición.	Análisis.
Corazón.	Cabeza.
Escuchar.	Hablar.
Emocional.	Racional.
Flexibilidad.	Fuerza.
Creatividad.	Claridad.
Cuidado.	Supervivencia.
Energía receptiva.	Energía activa.
Enfocada en el proceso.	Enfocado en el resultado.
Dar.	Recibir.

Ejercicio
Preguntas para abrir espacio a la auto indagación:

» ¿Cuál de las energías es la que sentís tener más
desarrollada?

» ¿Qué energía sentís que necesita ser más
desarrollada en tu vida? ¿Por qué?

» ¿Qué recursos tenés a tu disposición y al alcance
para comenzar a potenciarla?

» ¿Hacés lo que realmente querés?

» **¿Accionás para materializar tus deseos?**

____

____

____

____

» **¿Hay equilibrio entre tu mundo interior y el exterior, entre lo que sentís y hacés?**

____

____

____

____

Podrás pensar, quizá: "tengo un poco de las dos". Sí, aunque sería bueno que detectes en situaciones de estrés/conflicto/angustia/malestar/bloqueo cuál de las dos energías predomina más y cuál de ellas es la que entra en bloqueo. Ahí es donde está tu mayor desafío.

Capítulo 2: La infancia y su estrecho vínculo con nuestra vida adulta

Los primeros aprendizajes en nuestra infancia

Desde nuestro nacimiento, estamos influenciados por nuestro entorno. Tanto lo que queremos ser como lo que no, viene determinado por lo que vimos en nuestro hogar o nos transmitieron nuestros padres, nuestros abuelos o nuestro entorno social. Como seres humanos, no medimos la dimensión ni la influencia que tiene nuestra infancia en nuestra vida adulta. Así es como terminamos viviendo nuestra experiencia de vida dejando que la fuerza de nuestro inconsciente construya externamente los mismos bucles una y otra vez.

Me gusta resumir los primeros años de la vida de toda persona como si de esponjas habláramos. Absorbemos más información de la que creemos y esta información aprendida queda totalmente arraigada a nuestra psique. Solo en un proceso de autocuestionamiento interno podemos comenzar a desafiar su estructura, comenzar a liberarnos de aquella información aprendida y volcarnos a vivir una experiencia de vida totalmente alineada a lo que verdaderamente *SOMOS*.

Cuando nacemos, estamos en nuestra infinita presencia y esencia. Es una etapa de la vida en la que aún no existe la construcción del **Yo**, generalmente conocido como **Ego**. Tampoco tenemos construida aquella narrativa interna que opera dentro de cada uno todos los días y a la cual tanto escuchamos y damos identidad. Es una etapa de la vida en la que somos seres totalmente auténticos, conectados con nuestros deseos más íntimos y profundos. Los años transcurren y, de acuerdo a las experiencias que vivimos, nos vamos convirtiendo en seres humanos totalmente fragmentados. Es en esta instancia donde comenzamos a creer en la *ilusión de la separación*. El hecho de comenzar a tener cierta identidad construida hace que empecemos a creer que "vos sos vos" "y yo soy yo". Y es esta misma construcción la que se va armando de máscaras y va optando por distintas formas de comportamiento. Esta etapa egoica del desarrollo de nuestra conciencia acaba por formar un ser humano *desconectado de su propia esencia*.

Mis primeros años

El gran calvario que viví en mi último vínculo de pareja tuvo sus bases en mi infancia y en toda la información que heredé de mis antepasados. Entonces, arrancaré desde el principio. El 2 de marzo de 1995 llegué a este plano con la primera etiqueta que mis padres, en su plena inconsciencia, eligieron para mi persona y me definiría para el resto de mi vida. Me llamaron Julieta. Consideraron que era un nombre con mucha fuerza y es por esto que decidieron no ponerme un segundo nombre. Dicho y hecho, Julieta significa **"que es fuerte de raíz"**, y se refiere a la fuerza del carácter que le brinda la experiencia que se va acumulando en el transcurrir de su vida. Todos y todas venimos con esta etiqueta de *fábrica*. Es decir, ya con el simple y mero acto de nacer, estamos siendo etiquetados y limitados a llamarnos de esa manera. ¿Me explico cuando digo que desde nuestro nacimiento estamos siendo influenciados por nuestro entorno? Así como no tenemos poder para decidir el nombre que tendremos en esta experiencia física, en la misma línea, tampoco tenemos poder de decidir nuestras acciones en nuestra vida adulta si no nos detenemos a auto observarnos y cuestionarnos por qué estamos siendo de la manera en la que funcionamos.

Sentí, a lo largo de mi vida, una extraña sensación de *extrema libertad*. Arreglármelas sola se convirtió en una parte intrínseca de mi experiencia a lo largo de mi infancia. Cualquier persona que haya vivenciado su adolescencia con muchos límites y normas me diría: "Qué suertuda". Sin embargo, con el tiempo comprendí que todo comportamiento o experiencia vivida en exceso esconde una historia colmada de sufrimiento. Y esa historia colmada de sufrimiento provenía de la experiencia que habían vivido mis padres en sus respectivas vidas.

Considero que, dentro de los parámetros esperados, fui una niña que cumplía con los deberes y quehaceres y me gustaba obedecer con todo aquello que se me pidiera. Es por esto también que mis padres no se preocupaban mucho por mis avances, ya que infiero que veían a una niña que, a pesar de su corta edad, podía avanzar sola, sin necesidad de que se le estuviera persiguiendo mucho. La confianza que me tenían era abismal. Es el día de hoy en que me veo en fotos de chiquita y puedo darme cuenta de lo "madura" que era para la edad que tenía.

El despertador sonaba y me levantaba sin inconvenientes: desayunaba, me vestía y me dirigía al *toilette* para peinarme y perfumarme antes de que papá me llevara al colegio. En su polaridad contraria estaba Mati, mi hermano. A él sí que siempre le costó más el hecho de levantarse o cumplir con los horarios de ingreso al colegio... y ni hablar de que bajaba del departamento tarde, con la corbata toda desalineada y los pelos despeinados. Si bien debo admitir que en ese momento me avergonzaba un poco que mi hermano fuera así, con el tiempo comprendí que los hermanos suelen complementarse para darle un equilibrio al sistema familiar (así como también buscamos complementarnos a la hora de vincularnos con una pareja). Ampliaré este tema más adelante.

Este sentimiento de ir por la vida avanzando *sola* (y comprendiendo ahora que la fuerza de nuestro Universo inconsciente se proyecta externamente para poder observar a través del espejo de la vida nuestras propias heridas sin sanar), comenzó a materializarse en el primer ambiente al que la mayoría de las personas salen a vincularse: el colegio. Tuve reiteradas amistades muy cercanas con las que, sin motivo alguno, se desvanecía el vínculo en un abrir y cerrar de ojos. El quedarme sola era el ciclo final de esa historia que se repetía una y otra vez. La vida misma me iba enfrentando a diferentes situaciones, donde la información siempre era la misma, sin embargo, en ese entonces no tenía la capacidad de ver que quien estaba creando esa realidad era yo misma. A esto lo llamo *repetición*: si de chiquita podía avanzar sola sin necesidad de que se me estuviera persiguiendo mucho, en mi vida adulta también puedo seguir avanzando sola.

Los arquetipos del inconsciente

Carl Gustav Jung, médico psiquiatra, psicólogo y ensayista suizo, dividió el contenido de la psique en tres partes: la **conciencia,** formada por el ego y todo aquello con lo cual la persona se identifica, el **inconsciente personal**, que tiene que ver con todos los aspectos reprimidos y ocultos que han surgido de la interacción entre la persona y su entorno, y el **inconsciente colectivo**, formado por las experiencias de todos los seres humanos, es decir, las experiencias universales compartidas por toda la humanidad. En el ámbito del inconsciente colectivo se encuentran los **arquetipos**, que los podríamos definir como los modelos universales que todos y todas compartimos. Sencillamente, un arquetipo es un conjunto de rasgos que se utiliza para describir a un *modelo ideal*. Dentro de los tantos arquetipos que existen, detallaré a continuación tres de ellos, para darle claridad a lo que estaré exponiendo a lo largo del libro:

El **arquetipo materno**, simbolizado por la imagen inconsciente de la Madre Tierra, es un arquetipo que representa la actitud cuidadosa, amable, compasiva, afectuosa, equilibrada y paciente de las madres. Nuestra capacidad de conectar con el amor incondicional, con dar cobijo. Nos permite asumir el lugar en el que estamos, proporcionándonos estabilidad.

El **arquetipo paterno** nos permite cortar con lo que amamos, nos apegamos y nos identificamos, que es justamente lo que nos aporta el arquetipo materno. Nos permite también ir más allá del lugar en el que estamos, dándonos dirección. El padre nos da claridad respecto de hacia dónde queremos ir, nos permite poner corte a cualquier situación que no nos guste en nuestras vidas y nos da el poder de poner límites. El arquetipo padre es justamente el que corta el vínculo del hijo/a con la madre y le marca una dirección en la vida.

El problema surge cuando, en nuestra experiencia de vida, nos enfrentamos a una madre y a un padre que no se ajustan a ese modelo arquetípico que tenemos *introyectado* a nivel inconsciente. Y es aquí donde se generan ciertos complejos. Por lo tanto, un complejo se estructura a lo largo de la infancia cuando vivimos un arquetipo de forma desnaturalizada y, como consecuencia, decidimos relegar una parte de ese arquetipo a la sombra personal. Expondré un ejemplo de esto en el próximo capítulo.

La **sombra personal** representa el lado oscuro de nuestra personalidad. Es otro arquetipo acuñado por Carl Gustav Jung e incluye todos aquellos rasgos, actitudes, comportamientos que el Yo Consciente y/o la construcción de nuestra identidad egoica no reconoce como propios.

Tanto aquello que elegimos ser (ego, personalidad, yo consciente), como aquellos aspectos de nuestra personalidad que rechazamos (sombra, inconsciente), forman parte de la totalidad de nuestra psique. Cada aspecto o característica que elegimos desarrollar en nuestra personalidad implica, al mismo tiempo, generar un aspecto no desarrollado de nosotros que queda reprimido a un nivel inconsciente (sombra). Paradójicamente, cuanto más estructurado y más fuerte es el ego, más extensa es la sombra. Es decir, a más reforcemos la identidad que construimos, más fuerza tendrá la sombra que está siendo reprimida y rechazada. Esta sombra, como veremos más adelante, se acabará presentando tarde o temprano en el espejo de la vida a través de nuestros vínculos. La sombra, al formar parte de ese contenido inconsciente y reprimido, encontrará la forma de presentarse en nuestra vida de forma descontrolada, como *impulsos, reacciones propias* o *proyecciones* que nos irán generando un desequilibrio a nivel emocional si no nos atrevemos a cuestionarlos.

Vamos con un ejemplo para ir dándole claridad al proceso: en los primeros años de vida, dependiendo de lo que observe en mi entorno familiar, puede que decida no desarrollar algunas de las cualidades que veo en mi padre como adulto, por considerarlas inapropiadas. Si mi padre pasa todo el día trabajando y lamentándose por su falta de tiempo, quizá yo decida en ese momento no trabajar cuando sea adulto. Esto es una decisión que constituye parte de mi *persona*, por lo que en la sombra quedará esa parte de mí que puede disfrutar trabajando y desarrollándome en algo que realmente me gusta.

Es muy interesante observar esto en sus dos polaridades diferentes, es decir, desde el punto de vista del hijo o de la hija. Habitualmente, suele moverse el rol de un género a otro y es posible que el niño, para compensar lo que su padre hizo en exceso, acabe no trabajando para pasar más tiempo con sus hijos o para contar con mayor tiempo de goce y disfrute y, en el sentido contrario, es posible que la mujer trabaje en exceso, quejándose por su falta de tiempo, aunque con la idea de no ser una mujer "débil" como su madre que fue ama de casa y no trabajó nunca en su vida, por ejemplo. Estas no son leyes irrefutables, sino comportamientos compensatorios que suelen repetirse o reflejarse en la polaridad contraria.

Numerosos estudios afirman que tenemos un 5 % de información consciente, y un 95 % de información inconsciente. La información inconsciente es la que dirige nuestra vida a grandes escalas. Es decir, vamos proyectando en nuestra experiencia todo aquello que quedó inconsciente, a través del espejo de la vida, y haciendo conscientes aquellas situaciones de alto contenido emocional que vivimos a lo largo de nuestros primeros años de vida y que quedaron reprimidas, rechazadas y/u olvidadas. Cuando no nos atrevemos a ir hacia atrás, a darle una percepción diferente a nuestra infancia, y vivimos como *si nada hubiera pasado*, como si el pasado no tuviese fuerza en nuestro presente, toda aquella información con cierto impacto emocional comienza a reflejarse de alguna manera u otra en nuestra experiencia de vida.

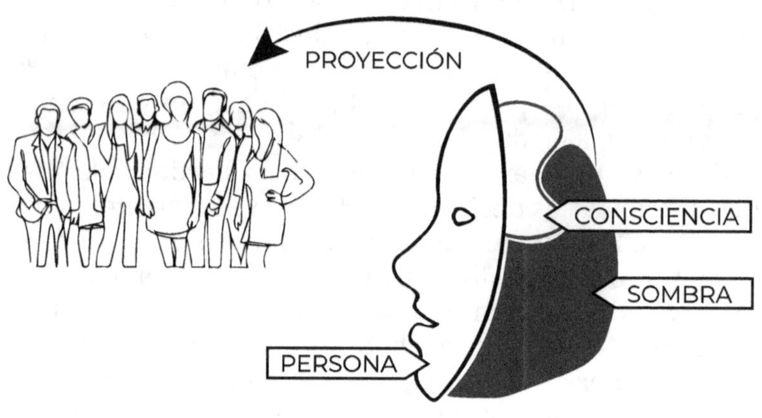

Ejercicio:

» **Te invito a pensar con quién sentís que te has identificado más o has construido un vínculo más estrecho de las figuras que tuviste de referencia a lo largo de tu infancia:**

____

____

____

____

» **¿Qué aspecto/comportamiento elegiste imitar?**

____

____

____

____

» ¿Qué es aquello que, al imitar cierto aspecto que consideraste positivo, relegaste en tu propia sombra y no te lo permitís del todo? ¿Qué es aquello que relegaste en tu propia sombra y, si bien de momentos te lo permitís, te juzgás por ello?

» ¿Podés reconocer aquellas actitudes y/o comportamientos que no te permitís o que te cuestan más?

Capítulo 3: Nuestras raíces nos definen

¿Reparar, repetir o sublimar?

Si la infancia nos condiciona tanto, ¿existe la forma de trascender toda esa información aprendida? Por supuesto que sí. Sin embargo, es muy poco el porcentaje de personas que se animan a replantearse el propio camino recorrido. De algún modo, resulta más fácil el camino de reafirmarnos en nuestro ego y no cuestionarnos absolutamente nada. De hecho, uno de los mayores miedos que tiene el ego es que lo reconozcamos como la ilusión que es. Es aquí cuando, sin darnos cuenta, terminamos siendo eternamente fieles a nuestros primeros aprendizajes de vida, ya sea *repitiendo*, *reparando*, o *sublimando*; conceptos que explicaré a continuación para ir clarificando el contenido.

Repetir: hacer algo muy parecido o igual (Egoísta - Egoísta). Se repiten las conductas de forma total o muy parecida, sin embargo, puede ser vivido con otro tono emocional. Por ejemplo: la mamá se casa con una persona autoritaria y vive con mucho miedo y sumisión. Su hija repite la historia poniéndose en pareja con una persona autoritaria, sin embargo, la vive con mucha tristeza y luego con mucho enojo e ira.

Reparar: hacer exactamente lo contrario al familiar (Egoísta - Generoso). No confundir reparar con arreglar algo que está roto. Reparar es equilibrar un desequilibrio añadiendo el *impacto emocional contrario*. Un ejemplo sería: alguien que vive en un hogar poco acogedor durante su infancia, repara eligiendo una profesión como, por ejemplo, tener una inmobiliaria; desde donde le da (mediante alquiler o venta) un hogar acogedor a personas y familias. De esta forma sigue habiendo un impacto emocional, pero vivido desde el lado opuesto. En estos casos, la situación se sigue descargando desde el universo inconsciente hasta vivir de forma neutra aquella experiencia de la infancia.

Otro ejemplo sería cuando la madre que se separa de forma repentina y el hijo lo vive con mucho sufrimiento. El hijo estudia abogacía, se dedica a los divorcios y hace de mediador, para que los hijos de sus clientes no sufran. La reparación es necesaria para que existan dos formas de sentir algo y se pueda, de esta forma, estar más cerca del equilibrio en las siguientes situaciones o generaciones.

Sublimar: hacer del defecto una virtud, quitando los juicios que podrían aparecer en las opciones de repetir o reparar (Egoísta - Coherente). Es la forma más eficiente de resolver los conflictos. En este caso, el inconsciente adquiere una nueva forma de vivir —de manera menos estresante— algo que se vivió de forma dramática.

Las heridas emocionales que vivimos a lo largo de nuestra experiencia de vida muchas veces se deben a patrones familiares, que van pasando el dolor de una generación a otra. Romper la cadena inicia con una persona dentro del sistema familiar dispuesta a hacer las cosas de forma diferente. Dispuesta a *pensarse diferente*.

Esa persona estoy siendo yo.
Esa persona estás siendo vos.

En mi corta experiencia como terapeuta transgeneracional, entendí que primero se repite, después se repara y luego se sublima. El padre repite, el hijo repara y el nieto sublima. Por eso se necesitan cuatro generaciones mínimo para estudiar el árbol genealógico[1].

La historia de mi madre

Los padres de mi madre se separaron cuando ella era muy chiquita y, cuando digo chiquita, me refiero a que tenía uno o dos años. Se separaron cuando mi abuelo se enteró de que mi abuela le estaba siendo infiel con otro hombre. Mi madre vivió una realidad muy carente, tanto afectiva como económicamente. Tereza, mi abuela materna, nunca le habló a mi madre sobre su padre biológico. Y, las pocas veces que lo mencionaba, contaba la historia de que mi abuelo tenía un criadero de conejos. Cuando mi madre se hizo un poquito más grande, comenzó a escuchar que su padre juntaba botellas en la calle.

Quisiera abrir espacio a una pausa para que te imagines conmigo la estructura interna que mi madre se hizo de su padre biológico, con el relato totalmente acotado y subjetivo que ella tenía de su propia madre (a un nivel muy inconsciente): "el hombre no puede", "el hombre no es capaz solo", "el hombre es un ser desvalorizado", "al hombre hay que ayudarlo". Este fue un programa inconsciente que mi madre tuvo durante muchos años, heredado de su propia madre. Una información inconsciente que terminó proyectándose externamente en un hombre con esas particularidades (mi padre).

---

1 Árbol genealógico: es una representación gráfica que muestra los antepasados y los descendientes de un individuo en forma de tabla.

Teniendo en cuenta que la información inconsciente se proyecta en nuestra experiencia para ser vista, en estas oportunidades que nos regala la vida de hacer consciente el gran universo inconsciente, tenemos dos opciones: **potenciar el programa**, y enjuiciar a la persona con la cual estamos por estar siendo como es, o **auto cuestionarnos** qué tiene que ver esta información que se materializa afuera con nuestra propia historia.

Siguiendo con el relato: mi madre siempre sintió que su madre (mi abuela materna) prefería a su hermana antes que a ella. De hecho, en una de las tantas historias que recuerda, a su hermana le festejaron sus 15 años y a ella no. En pocas palabras, la experiencia de mi madre en su infancia fue la de un hogar poco acogedor, con una figura de padre ausente y algunos tintes de sentimientos que la hacían sentir *poco observada* y *elegida*.

Los años pasaron, mi madre se hizo adulta y llegó un día en el que tuvo que tomar una decisión respecto a su vida profesional. Tenía la idea de estudiar Profesorado de Yoga y dedicarse a eso, sin embargo, en aquel entonces el yoga no era lo que hoy es, por lo que, dentro de las alternativas que tenía en vistas, terminó aferrándose a la idea de que tener una inmobiliaria le iba a ser más rentable económicamente.

Si tuviéramos que hacer un análisis bastante evidente, a través de su profesión les facilitaba un hogar a las familias. A esto llamo *reparación*: "no tuve un hogar acogedor en mi infancia y elijo una profesión para darle hogar a otras familias". Mismo ejemplo que mencioné al principio del capítulo, hay una necesidad inconsciente de proyectar en su experiencia de vida aquello que ella no tuvo, y vivirlo con otra tonalidad emocional.

Mi madre utilizó su negocio inmobiliario para *escapar* de su propio hogar. Solía irse muy temprano a la mañana y volvía de trabajar a la noche. Cada noche que volvía, era una discusión nueva con mi padre. El concepto de hogar que ella tenía aprendido de su infancia lo *repitió*, abandonando el nido para abocarse en exceso al trabajo. Su horario de regreso a casa era tarde y, cuando llegaba, recuerdo verla muy cansada, encargándose de la cena e intentando satisfacer y cubrir las necesidades de mi padre; comportándose y teniendo un rol de madre para con su propio marido, alimentando la siguiente creencia inconsciente: "deshabilito al hombre y todo lo hago yo, el hombre no puede solo, el hombre es un ser desvalorizado".

Al mismo tiempo, este exceso con el cual ella estuvo operando durante tantos años respecto a su crecimiento profesional, hizo que yo no la percibiera tan presente como me hubiese gustado. Es decir, que el modelo arquetípico de madre que yo necesitaba (amor, cariño, cobijo, afecto), bajo el lente de mi percepción, no fue del todo cubierto. Esto generó en mí que viviera de manera desnaturalizada al arquetipo materno, despertando en mí un complejo que se materializaría con mayor intensidad en mi vida adulta, a la hora de vincularme con mi ex pareja.

Así como mencioné anteriormente que todo comportamiento en exceso esconde una historia colmada de sufrimiento, también esconde una *intención positiva*, es decir, un beneficio que la persona obtiene comportándose de esa manera. Este excesivo comportamiento de trabajar durante grandes cantidades de horas al día, escondía la intención positiva de que sus hijos no viviesen la carencia económica que ella había vivido en su infancia. Verlo desde este ángulo me permitió darle una nueva perspectiva a mi percepción.

En resumen, mi madre vivió su infancia con su padre biológico físicamente ausente, por lo tanto, durante una gran etapa de su vida, no tuvo vínculo con él. También percibió un intenso sentimiento de soledad y desprotección a lo largo de su infancia.

Su madre, mi abuela materna, fue obligada a casarse con mi abuelo, ya que, a ojos de sus padres, era un buen partido en aquel entonces. Mi abuelo y abuela se separaron cuando mi abuelo se enteró de que mi abuela le estaba siendo infiel con otro hombre. Años más tarde, mi abuela se puso en pareja con un hombre, quien cumpliría el rol de mi abuelo. Un hombre con el que ella había visto la oportunidad de formar una familia y darles a sus hijas una imagen paterna. De él nunca estuvo enamorada.

Mi madre, con todo el programa inconsciente de que al hombre no se le da el lugar que merece, y el hombre es un ser desvalorizado, se casó con mi papá. Ella fue una mujer que, dentro del hogar (con tal de no perder aquel concepto de hogar que estaban construyendo con mi padre), se comportó con mi padre de manera pasivo agresiva. Intentaba evitar el conflicto con mi padre a toda costa por su excesivo miedo al abandono (herida de su padre biológico). Más allá de esto, en gran parte de las decisiones —como mudanzas de país, de casa y otras igual de importantes—, fue mi madre la que tomó las riendas de aquellos grandes movimientos. Mi padre la seguía, quedando, con el pasar del tiempo, como una figura algo anulada, que no tomaba decisiones, sino que acompañaba las que iba tomando mi madre.

Ella le estaba siendo fiel, a nivel inconsciente, a su propio programa: "anular al hombre y no darle el espacio que merece".

La historia de mi padre

A lo largo de este viaje de sanación que vengo transitando hace ya unos años, siempre tuve el foco más puesto en la historia de vida de mi madre, debido a que la información que llegaba a mi vida ponía de manifiesto mucha herida a sanar de mi linaje femenino. Sin embargo, creí interesante indagar mi rama paterna para comprender el trasfondo de muchas cuestiones que sentía que tenía sin resolver con él. Aunque, teniendo presente la idea de que el mundo externo es un fiel reflejo de nuestro mundo interno, esas cuestiones sin resolver eran con el tipo de vínculo que yo tenía con mi energía masculina.

Mi padre, en la polaridad contraria a mi madre, venía de la clásica *familia Ingalls*: una familia perfecta a ojos del mundo externo. Todo era luz y perfección puertas para afuera, sin embargo, puertas para dentro todo era un caos. Existía una figura paterna rígida y extremadamente autoritaria, que desacreditaba a la mujer y la hacía sentirse minusválida para hacer las cosas por sí sola. Mi abuela paterna, eterna ama de casa dedicada 100 % a su familia. Mi abuelo paterno, un hombre que abastecía económicamente a toda su familia, dándole comodidad, vacaciones, confort y un buen transitar. La pregunta del millón es: ¿Y el amor? En un árbol que a nivel material reflejaba mucha más abundancia con respecto a la historia de vida de mi madre, *la herida emocional carente de afecto* era exactamente la misma.

Después de algunos años de psicoanálisis logré hacer consciente que, a lo largo de mi vida, nunca alcancé a percibir a mi padre como una figura que pisara fuerte en mi sistema familiar, sino más bien como un hombre que manifestaba su energía masculina con gritos y exabruptos. Recordemos que aquello que es exteriorizado en forma de impulsos o reacciones, habla de la energía reprimida y/o rechazada (sombra) que necesita ser exteriorizada de alguna manera u otra. También pude percatarme, al quitarle la máscara que me había construido de él, que no respondía a mis expectativas de hombre responsable. El camino de ir aceptando esto me llevó a redefinir las palabras valorización, compromiso y responsabilidad, ya que provengo de una familia en donde la mujer (en este caso mi madre), en gran medida, toma las decisiones y el hombre la acompaña. Concluí que las mujeres tomaban las decisiones porque eran más fuertes y más capaces que el hombre. Los hombres me parecían más débiles porque no los veía empoderados en mi sistema familiar. Mi perspectiva era falsa, pues no tomar decisiones no hace que una persona sea desvalorizada, poco comprometida e irresponsable. De hecho, cuando las decisiones que tomaba mi madre no eran del todo acertadas, mi padre asumía las consecuencias en la misma medida que ella. Por consiguiente, era un hombre comprometido y responsable. A esto le llamo *cambio de percepción*.

Volviendo a la poca rigidez que percibí en mi padre para conmigo, esta característica de él se debió a la forma en la que había vivido la figura de su padre (mi abuelo paterno) a lo largo de su infancia: una persona muy rígida y estructurada en su forma de ver la vida. Su forma de accionar había sido desobedeciendo las normas que su padre intentaba imponer en exceso. Negando a su padre, decidió desempeñarse como padre mío en la polaridad contraria a él, siendo una persona muy poco rígida conmigo, dándome mucha libertad y pocos límites y *relegando aspectos de su padre en su sombra personal*. Lo recién mencionado generó en mí que viviera de manera desnaturalizada al arquetipo de padre, es decir, el modelo ideal de lo que yo creía a nivel inconsciente que debería ser un padre, despertando en mi persona un complejo que también se materializaría años más tarde en mi ex vínculo de pareja.

Sin cansarme de indagar, descubrí, haciendo el estudio de mi árbol genealógico, que mi padre era **mi doble** por fecha de nacimiento (entendiendo al doble como una persona del sistema familiar con la cual se tiene cierta afinidad y se comparte mucha información y programas inconscientes para que trascienda y evolucione lo que él no pudo por su nivel de conciencia). Él, al igual que yo hasta hace unos años, nunca se terminó de separar de su propia madre (mi abuela paterna), por lo que quedó atrapado en ella *sin capacidad alguna de realizarse como adulto independiente.*

Resumiendo, la información de mi padre: figura de madre idealizada y figura de su padre rechazada (en sombra). Cuando uno como ser humano queda atado, castrado y atrapado a la madre, la integración de todos los atributos del arquetipo padre[2], queda, en su mayoría, relegada en la sombra personal. Todo aquello que no resolvemos en nuestras raíces, acaba proyectándose en nuestra vida adulta a través de los vínculos con los que nos vamos relacionando.

Toda esta experiencia generó que, en el vínculo con mi mamá, mi padre proyectase en ella su idea de todo lo que *debía hacer* una madre, arquetípicamente hablando: eternos reclamos de mi padre hacia mi madre por amor, afecto, cariño y cobijo, la cena lista, la casa limpia y ordenada, la ropa lavada y un centenar de acciones de las que mi padre consideraba que era mi madre la que se debía ocupar. Una idealización que, por supuesto, venía de la forma en la que él había vivenciado su propia estructura familiar a lo largo de su infancia: una madre 100 % ama de casa dedicada a su familia y un hombre proveedor que era atendido por esta mujer. ¿Cuál era la imagen que mi madre le devolvía a él? Toda aquella información que mi padre tenía rechazada en su propia sombra (rechazo del padre): una mujer con un empuje infernal, mucha capaci-

---

2 Para una mayor comprensión, sugiero volver a leer los atributos del arquetipo padre en el apartado: "Los arquetipos del inconsciente" del capítulo 2.

dad de acción, que se llevaba el mundo por delante y sin capacidad alguna de conectar con su universo emocional. Mi padre se volvía loco por esta falta de cariño que percibía de su mujer, jactándose él de ser una persona llena de amor y cariño. ¿Mi madre lo hacía a propósito? Por supuesto que no, ella reflejaba la herida inconsciente que a mi padre le había quedado de su infancia: mucha abundancia material, sin embargo, una herida muy profunda de ausencia de afecto.

Por supuesto, saber y hacer consciente toda esta información, fue un intento mío de búsqueda de una mayor comprensión, de empatizar con la historia vivida de mi padre y no vivir mi vínculo con él desde un juicio que no era mío, sino aprendido de mi linaje femenino (madre, abuela materna... incluso podríamos seguir viajando hacia atrás).

Árboles genealógicos que se complementan

Tenemos, como seres humanos, la tendencia a resonar con la información de una pareja con la que los árboles familiares reflejan realidades totalmente opuestas y que, al mismo tiempo, se complementan o, por defecto, realidades que, aunque aparentan ser opuestas, en el fondo son muy parecidas. Mi madre se enamoró de la consolidada familia de mi padre y de la holgura económica que tenían. Mi padre se enamoró de una mujer que, muy a pesar de su dura vida, era fuerte y capaz de enfrentar cualquier adversidad. En palabras sencillas, nos enamoramos, o, mejor dicho, resonamos con aquella información que, a través de la integración, nos permite encontrar el equilibrio en nuestros propios excesos y evolucionar nuestro sistema familiar.

Entonces, la pregunta que quisiera hacer ahora es: ¿Se enamoraron en esencia o se enamoraron de la idea que cada uno se construyó de la otra persona? ¿Se enamoraron en esencia o se enamoraron de las proyecciones inconscientes que hicieron de aquellos aspectos que no reconocían en sí mismos?

Como mencioné anteriormente, todo posicionamiento en exceso esconde una historia colmada de sufrimiento, es decir que, las posturas excesivas mediante las cuales mis padres operaron a lo largo de sus vidas pusieron de manifiesto la historia que cada uno había vivido. Sus excesos fueron sostenidos por sus propias historias e ideas personales. Sin embargo, cuando no hay conciencia ni capacidad para desafiar la propia estructura interna, el vínculo de pareja comienza a estructurarse desde las máscaras que cada una de las partes se ha puesto para defenderse y cuidarse de sus propias heridas de la infancia. Cuando no existe diálogo genuino en la pareja, se construyen murales que, al cabo de un tiempo, resultan difíciles de desarmar. Los reclamos y necesidades que el niño herido necesita a toda costa satisfacer con el otro, comienzan a aparecer y cada vez se hacen más y más grandes y demandantes.

¿Quién es el que reclama? ¿El adulto o el niño herido? El niño herido es el que reclama y aquel que cree fervientemente que, con el cambio conductual del otro, será *más feliz*, olvidándose, en este proceso, que quien tiene que hacerse responsable de su propia experiencia de vida es cada uno como adulto que es, para alcanzar un nivel de conciencia mayor y que, desde el crecimiento personal y propio, el vínculo *evolucione*.

Este tipo de patrón vincular es el que absorbí y aprendí a lo largo de mi vida: poca transparencia, escaso diálogo, mucha acción desde el miedo inconsciente e incontables peleas, que ponían de manifiesto la necesidad de defender las máscaras que cada uno había adoptado en su vida, sin ánimos de complementarse y crecer en conjunto.

Mi historia

Para poder poner de manifiesto mi propia información de *hombre desvalorizado*, fui atraída a una primera pareja a mis 18 años, a la que no le di el valor ni el lugar que merecía y a la que intenté controlar durante mucho tiempo. Razón por la que me encontré, gran parte del vínculo, a la defensiva con él; como toda persona controladora. Fui una persona muy poco fiel a mi palabra y tomé las riendas del vínculo, controlando absolutamente todo. La vida, para ayudarme a sanar mi herida de traición tanto con mi primera pareja como conmigo, me atrajo a una segunda pareja, que será la protagonista de esta gran historia. Esta segunda pareja también tenía la herida de traición y, gracias a ella, logré avanzar.

Durante gran parte de mi vida, especialmente en mi adolescencia, construí una relación estrecha y tuve una fuerte identificación con la figura de mi madre, imitando de ella actitudes y comportamientos que consideraba *positivos* de acuerdo a la manera que tuve de observar y juzgar distintas situaciones que fui viviendo a lo largo de mi infancia. El libro *Las 5 heridas que impiden ser uno mismo*[3], de Lise Bourbeau, dice: "es con el progenitor con el que tenemos la impresión de entendernos mejor durante la adolescencia, con el que más cosas tenemos que resolver". Cuando nos identificamos con algún referente de nuestro sistema familiar, en la misma medida en la que copiamos y/o imitamos ciertos aspectos de su personalidad (en la misma polaridad), estamos creando la misma sombra que porta esa persona en nosotros mismos.

Vamos con un ejemplo: en mi caso, un aspecto que elegí imitar de mi madre fue la excelente dedicación que tuvo

---

3 Bourbeau, Lise (2011) Las 5 heridas que impiden ser uno mismo. p. 26

a lo largo de su vida para con su trabajo. Sin embargo, ella no dejaba de estar en un exceso, operando desde la historia interna que se contaba y que justificaba el hecho de trabajar mucho para que sus hijos no vivieran la escasez económica que ella había vivido en su infancia. Es decir, en la misma medida en la que elegí imitar este aspecto de ella, creé en mi vida la misma sombra que ella tuvo durante tantos años sin siquiera darse cuenta: el disfrute y el goce de vivir la vida y viajar, por ejemplo. En contraposición, quien reflejaba todo este exceso de disfrute y de *vivir la vida* fue mi padre.

Tanto mi madre como mi padre tuvieron una identificación egoica (diferente) y ambos, de algún modo, eligieron sostenerlas con las historias que cada uno se contaba a sí mismo. Aunque, hablando de opuestos, fueron aspectos que, si se observasen desde una mirada evolutiva, *se hubiesen complementado a la perfección.*

Esta identificación y estrecho vínculo que tuve durante gran parte de mi vida con la figura de mi madre, generó que tuviera bastante alejada y distorsionada la figura de mi padre. Esto se debió a que mi madre, a lo largo de mi adolescencia, me utilizaba, sin darse cuenta y de manera totalmente inconsciente, como si fuera su psicóloga. Es decir, en lugar de hablar sus problemas con un profesional, me utilizaba a mí para desquitar la bronca que tenía con mi padre y que, al mismo tiempo, no se animaba a exteriorizar con él por su profundo miedo al abandono (herida de su infancia con su padre biológico). De esta manera, me terminó introyectando, a nivel inconsciente, toda la mirada que ella tenía respecto a mi padre; logrando que yo lo viese con el mismo lente que ella. ¿Te acordás de mi abuela materna hablándole a mi mamá de su padre, es decir, de mi abuelo paterno? La historia se repetía. Esto generó que construyera un vínculo muy estrecho con ella, no así con mi padre. De alguna manera, todo el juicio que ella tenía —por su historia de vida— hacia la energía masculina, estaba, sin siquiera saberlo, enviándomelo a mi experiencia de vida.

Este accionar que tuvo mi madre a nivel inconsciente conmigo, trajo aparejado que, de algún modo, yo *repitiera* la historia de ella: no construir un vínculo con mi padre. Al mismo tiempo, esta búsqueda de conexión excesiva que mi madre intentaba hacer conmigo escondía el profundo miedo inconsciente a revivir aquella herida de sentirse poco observada y elegida por su propia madre, como había vivido en su infancia. Es así como se reafirmó en construir un vínculo muy estrecho conmigo, no así con su propio marido.

En el estudio del árbol transgeneracional, yo soy **doble** de la madre de mi madre (mi abuela materna) y de su padre (mi abuelo paterno). Mi madre, desde su propia inconsciencia, proyectó en mí la imagen de su padre y de su madre. Ella, desde su niña herida, depositó a nivel inconsciente todas sus necesidades insatisfechas en mi persona, ubicándome como padre y madre de ella.

Toda madre que no trabaja en su historia personal proyecta a nivel inconsciente todas sus heridas en la vida de los hijos. Es increíble el poder y la influencia que puede tener una madre en nosotros. Su visión tan firme y tatuada en mi psique, impedía que yo viera a mi padre y pudiera construir un vínculo con él. El ser humano necesita acabar con la madre castradora y devoradora, aquella que no le permite dar los pasos concretos a su hijo/a para su realización como persona.

Millones de hilos inconscientes se construyeron entre mi madre y yo en esta dinámica que establecimos, sin darnos cuenta del daño que nos generaría a futuro. Yo estaba, sin siquiera saberlo, repitiendo los mismos pasos que mi padre. Estaba siendo castrada por mi propia madre, siendo fiel de manera inconsciente a la información de mi padre, transitando por el mismo camino conocido que había transitado él (recordemos que es mi doble en el transgeneracional y que todo doble tendrá la tendencia a repetir, reparar y/o sublimar la historia del ancestro, para que a través de la experiencia se le pueda dar evolución al sistema familiar).

Para recapitular la información: ¿Cuál de los arquetipos era el que se encargaba de cortar el vínculo del hijo/a con la madre y marcarle una dirección en la vida? El **Arquetipo padre**. Lo que sucede es que la mayoría de las personas no tenemos la conciencia suficiente para hacer el proceso por nuestra propia cuenta, y es por esto que, cuando el padre no termina de cumplir ese rol, el hijo o la hija no termina de separarse de la madre, quedando su proceso de crecimiento, por decirlo de alguna manera, *incompleto*. No pasemos por alto el detalle de que la primera separación que vivimos con nuestra madre es cuando nos cortan el cordón umbilical al nacer. En el proceso de crecimiento de todo ser humano hay un segundo corte que es el que el padre debería hacer, si todos como humanidad tuviéramos este conocimiento más consciente en nuestras vidas.

Toda esta situación de estar tan vinculada a mi madre, sin capacidad alguna de relacionarme con mi padre, me condujo a estar muy perdida profesionalmente (falta de dirección en la vida, por el arquetipo padre no integrado). Ya estando en relación con mi ex pareja, la única vía de escape que encontré en ese momento para ponerme en movimiento fue entrar a trabajar en la inmobiliaria de mi madre.

Recuerdo, una vez trabajando allí, la escasa retribución monetaria que recibía por mi trabajo y cómo el mismo llegaba a mí a cuentagotas. Al mismo tiempo, detrás de ese pequeño sueldo, había un control inconsciente que mi madre intentaba ejercer sobre mí. Ella no quería que yo creciera, ni mucho menos que me realizara como persona, pues crecer y desarrollarme implicaba para ella dejar de tener el control. Es muy difícil que una madre acepte esto, sin embargo, el primer paso para evolucionar es comprender que sucede por más *rol de madre* que una persona pueda tener. Es, literalmente, comenzar a bajar del pedestal a las figuras que tuvimos de referencia durante tantos años. Es comenzar a encontrarse con la sombra del propio sistema familiar. Aquí está la verdadera trascendencia: verlos humanos e imperfectos.

Encontrarme con esta inmensa sombra de mi madre fue, para mí, muy movilizante. Sin embargo, durante el proceso y después de tantos enojos profundos hacia ella, comprendí que si no la amaba así tal cual era no iba a poder amar esa información que también vivía en mí.

Es así como mi historia de vida me fue conduciendo lentamente a anclarme y sostenerme en mi propia energía femenina, juzgando a la energía masculina con etiquetas como irresponsable, de poco valor e incapaz. Sí, así es como percibí a los hombres durante muchos años. Aunque toda esa proyección que hacía en mi mundo externo era un fiel reflejo de la forma en la que yo había aprendido y tenía percibido a nivel interno e inconsciente a mi padre (bajo el lente que mi madre me había introyectado), era una información que vivía en mí.

Cuando no estamos abiertos a ir hacia adentro y abrirnos al viaje interno para resignificar la información, el recurso más sencillo es expulsar dicha información hacia afuera mediante el mecanismo de defensa de la proyección para aminorar la carga, por lo menos de manera momentánea. Ejemplificando lo recién compartido: quien se creía irresponsable e incapaz de desarrollarse por su propia cuenta era yo, quien se sentía que iba por el camino sencillo de atarse al negocio de su madre como salida fácil era yo, quien se sentía desvalorizada era yo. Sin embargo, hacerme cargo de esa sombra era algo realmente abrumante, por lo que proyectarlo en mi padre era la forma que encontraba en ese momento para no hacerme responsable de aquello que estaba viendo en mi mundo externo.

Hacernos cargo de las proyecciones no implica que el otro **deje de tener** estas características, sin embargo, no tenemos control sobre la vida de otra persona, sí, sobre la nuestra. Por lo que quedarnos en la proyección y no trabajarla en nosotros **mismos** es el camino de la comodidad y del no movimiento.

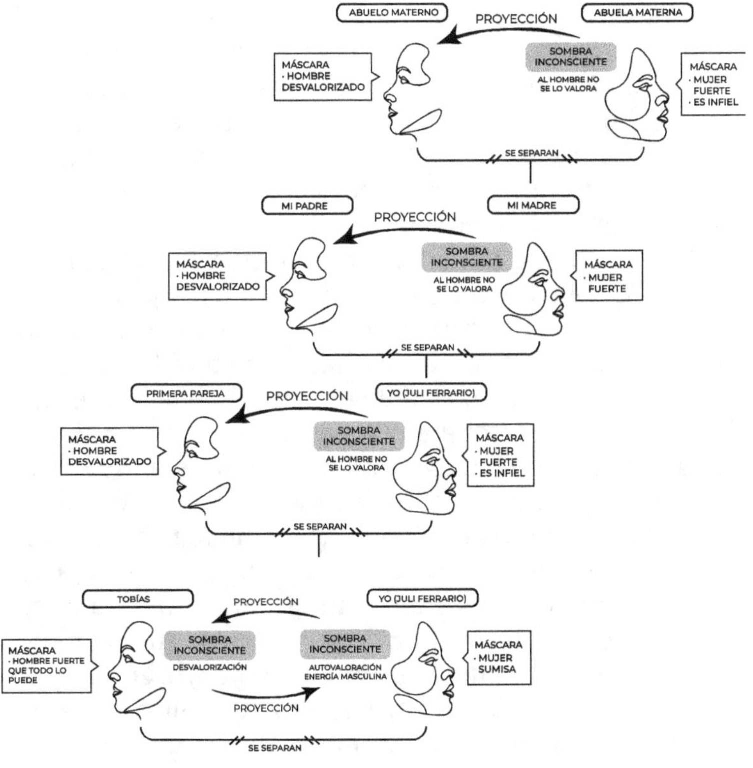

La brecha entre la acción y el deseo personal

Cuando las figuras que tenemos de referencia accionan en sus vidas sobre la base de elecciones que no están del todo alineadas a lo que realmente desean, esa información es la que aprendemos y absorbemos, ya sea en la misma polaridad o en el exceso contrario: voy por mi propio deseo y no me importa lo que suceda afuera. Encontrar el balance entre ambos excesos sería el *escenario ideal*.

Desde muy pequeña, aprendí a diferenciar muy bien aquello que *debía hacer* de aquello que *no debía hacer* y así fue como fui conformando mi propia personalidad en torno a estas premisas. Por supuesto que aquella incesante búsqueda por ser la *niña perfecta* para mamá y papá acabó creando en mí una estructura de la cual emanaba una fuerte necesidad de valoración externa, energía femenina, entendiendo a la energía masculina más vinculada a la auto valoración personal.

¿Te acordás de la historia de mi mamá persiguiendo los deseos de su ego en lugar de ir por los pasos de su alma? Pues, obrar por un deseo personal no me resultaba una información muy familiar habiendo tenido a una madre que eligió la seguridad de una inmobiliaria antes que el deseo de convertirse en profesora de Yoga. En la misma línea, mi padre, luego de unos cuantos años saltando de un lugar a otro con respecto a su vida profesional, terminó heredando de su padre (mi abuelo paterno), una empresa que prestaba servicios de Seguridad e Higiene. Otro referente en mi sistema familiar que no obraba por su deseo personal, sino por la facilidad de ir por caminos conocidos y transitados. Recordemos que yo, en mi experiencia, repetí este accionar de mi padre entrando a trabajar con mi madre en su inmobiliaria. Un camino conocido y transitado, una decisión fácil, y no un compromiso con mi deseo más real y genuino, que en aquel entonces tampoco tenía mucha idea de cuál era, por estar aún *castrada* por mi madre.

Me parece sumamente interesante que podamos comprender y aceptar que el proceso de repetición y/o reparación de aspectos no resueltos del sistema familiar es parte del camino de la evolución. Lograr sublimar (hacer del defecto de la familia una virtud quitando los juicios que podrían aparecer en las opciones de repetir o reparar) aquellas experiencias transitadas por nuestras familias es un gran viaje hacia adentro que requiere de *mucho compromiso y transformación interna.*

Repetir y/o reparar no es un mal camino, por más que la mente egoica intente clasificarlo y ubicarlo en una cajita mental con su respectiva etiqueta. Al contrario, es muy necesario para que, de generación en generación, se vaya abriendo paso a nuevas formas de vivir ciertas situaciones de estrés, que nuestros antepasados han vivenciado y no han podido neutralizar. Hacer consciente esto nos puede conducir a comprender qué es lo que verdaderamente queremos para nuestra vida y cuál es aquella información que ya no resuena con nuestro propio sistema.

Muchas veces nos acostumbramos a martirizarnos por las decisiones tomadas, viviendo de eternos arrepentimientos y depositando toda nuestra energía ahí. Sin embargo, estancarnos en ese proceso es vivir lamentándonos por un pasado que ya no está y nos terminamos perdiendo la grandiosa oportunidad de desarrollar nuestra capacidad de realizar los cambios necesarios para acercarnos a esa vida que tanto anhelamos.

El accionar inconsciente sin presencia, *atrae más inconsciencia*

Pasé desde los 20 años hasta los 25 (vínculo de pareja mediante) accionando en mi vida de manera totalmente inconsciente, sin medir siquiera las consecuencias de las elecciones que venía haciendo. Me la pasaba haciendo viajes de imagen y presencia, en donde mi figura externa era absolutamente *todo lo que importaba*. Managers diciéndome que fuera al gimnasio para que bajara de peso y me mantuviera flaquita y un centenar de situaciones que lo único que hacían era ir agravando mi estado emocional interno.

En aquel entonces, escaparme de la realidad que vivía en casa y mi total falta de dirección en la vida eran motivos suficientes para que siguiera viajando. Por supuesto que en el tipo de vínculo que tenía construido con mi mamá ella me empujaba y me apoyaba a ir por todas las locuras que se me ocurrieran hacer. Mi padre, por su parte, ni voz ni voto tenía para dar su opinión y establecer su criterio respecto al tipo de vida que estaba llevando. Si tengo que hacerle honor a la verdad, con mi madre directamente no le dábamos el espacio para que opinase.

El hecho de que externamente no generáramos ese espacio, era un fiel reflejo que hacíamos en relación a cómo nos relacionábamos con nuestra propia energía masculina internamente y, al mismo tiempo, de cómo ambas estábamos totalmente en simbiosis respecto a la mirada inconsciente que teníamos sobre mi padre.

Por supuesto que todo esto, a nivel inconsciente, generaba en mí la misma sensación que había tenido a lo largo de toda mi niñez: una extraña sensación de *extrema libertad*. Los límites no existían en el mapa de mi vida. Había un exceso de confianza construido entre mi madre y yo. Y mi padre (por diversos motivos de su historia de vida personal) no terminaba de ejercer aquel rol firme que yo necesitaba para encauzarme en la vida. Ambos tenían plena confianza en mi persona. Actitud que les permitía tener más tiempo disponible para sus asuntos personales.

Cuando actuamos sin aplicar siquiera una pausa a observar todo lo que estamos viviendo, y cuando las experiencias externas no son suficientes para hacer consciente aquello que necesita ser visto, el cuerpo comienza a expresar aquello que la mente egoica intenta a toda costa evitar ver.

He aquí la manifestación de un primer síntoma que en su momento adjudiqué al hecho de haber dejado de tomar las anticonceptivas. La ausencia total de sostén que percibía en mi vida, encontró la forma de manifestarse en mi cuerpo, y fue demasiado claro. En el año 2018, meses antes de conocer a mi ex pareja, mi espalda y mis hombros comenzaron a llenarse de granitos por todos lados. El gran sostén de mi cuerpo. Muy simbólico. Todo reflejaba que no me sentía apoyada ni sostenida ni por mi familia, ni mucho menos por mí misma.

Desvalorización estética y rechazo de la propia imagen. Mi propia falta de autoestima me fue llevando a dejar de lado mis propias necesidades; renunciando a mi autenticidad y a mi integridad para intentar complacer a los demás, reforzando aún más el programa que ya había internalizado de chiquita: siendo como el mundo esperaba que yo fuera, especialmente en el entorno familiar y afectivo. Esta actitud de renuncia reforzó aún más mi baja autoestima. La sintomatología hablaba por sí sola.

Entre tanto desorden e inconsciencia, cuando no tenemos la capacidad de ponernos en pausa y poner conciencia y presencia a todo lo que sucede en nuestra vida, las oportunidades que alimentan las vías de escape aparecen, y otro viaje más para escaparle a mi realidad se aproximaba.

Me había llegado una propuesta bastante inconclusa

para irme a otro viaje de imagen a Turquía. Sin embargo, algo dentro mío me pedía a gritos que abandonara los viajes a los que la imagen externa era lo único que los impulsaba. Una voz interna me susurraba que había algo más allá que el cuerpo y la imagen. Aunque aún no terminaba, ni tampoco quería entender eso que estaba *más allá*. He aquí el comienzo de un cuento de hadas, que culminó en un gran túnel en el que lentamente fui cavando mi propia fosa.

En agosto del 2018, con 23 años de edad, había vuelto de Miami de hacer un viaje de imagen y, asentada en Buenos Aires en casa de mis padres, decidí salir una noche con unas amigas a un boliche llamado BNN. Esa misma noche, entre baile y algunas copas demás, conocí a quien sería mi pareja los siguientes dos años de mi vida. Llamaré a mi ex pareja con el nombre ficticio de **Tobías**. Esos dos años se convirtieron en una eternidad, para la grieta y la profundidad de herida que dejó en mi cuerpo emocional todo lo vivido. Aunque de momentos mi cabeza intenta aminorar la carga y me hace creer que *no fue tanto*, en los próximos capítulos reencarnaré toda la experiencia que viví con él y la relacionaré con mi propia experiencia y sistema familiar, para demostrar cómo la infancia repercute de manera totalmente directa en nuestra vida adulta.

Deseo concientizar y dar a luz mi historia para que muchas mujeres y hombres que estén sumergidos en vínculos del estilo o hayan vivido algún tipo de patrón vincular similar, puedan tener el coraje de irse y volver a ELEGIRSE, pero comprendiendo con plena conciencia que el simple y mero hecho de IRSE, no sana la herida de raíz. Hay un trabajo profundo e intenso a hacer post ruptura.

El amor REAL y GENUINO está muy alejado de todo lo que viviste y/o estás viviendo. El amor no inicia afuera con alguien. El amor inicia con vos mismo/a. El amor que estás buscando que te dé tu pareja comportándote como una persona súper mega empática y flexible, *es el amor que debés aprender a darte.*

Regalate la oportunidad de entregarte en cuerpo y alma a este gran viaje que emprenderemos juntos. Dejate atravesar por cada palabra, por cada emoción, por cada grito que necesites exteriorizar. No reprimas nada. Soltá todo lo que tengas que soltar y dejar ir, para comenzar a caminar tu vida, más liviano/a de equipaje.

Capítulo 4: El primer contacto con una personalidad narcisista

Cuando la emoción y la intuición te hablan y no las escuchás

Sentir es un aspecto inherente a nuestra naturaleza humana. Vivimos sintiendo desde que nacemos. Cuando sentimos, podemos percibir situaciones externas como el frío, el calor, el sonido, un gesto facial de alguien, pero también podemos percibir necesidades internas como el hambre, la necesidad de recibir cariño o el sueño. Del mismo modo, percibimos las respuestas fisiológicas, cognitivas y conductuales ante estímulos a los que nos exponemos. Las emociones son el conjunto de estas reacciones desde que percibimos el estímulo.

> Las emociones son un proceso multidimensional que implica que unos estímulos o situaciones desencadenantes sean interpretados y valorados subjetivamente, produciéndose cambios fisiológicos y patrones expresivos de comunicación que tienen

efectos motivacionales (Fernández-Abascal et al., 2010)[4].

Las emociones implican un proceso muy interno. Podemos percibir en nuestro mundo externo, por ejemplo, a una persona con ciertas actitudes o patrones de comportamiento que podría llegar a causarnos cierto malestar y sufrimiento. Es aquí donde interpretamos y valoramos que es un estímulo que puede producirnos dolor, lo que produce una activación fisiológica y un patrón expresivo de miedo, el cual, nos motiva para alejarnos. El gran problema surge cuando nuestra mente, por ser una información conocida, le quita valor e importancia a esas sensaciones físicas. Y es aquí donde la mente comienza a gobernar tus decisiones, alejándote lentamente de la emoción y de tu universo intuitivo. Cuando hablo de información conocida me refiero a circuitos neuronales dentro tuyo, que observaron y aprendieron un cierto patrón conductual, por lo que relacionarte con personas que te recuerdan ese mismo patrón conductual te resulta familiar y conocido. ¿Te acordás de mi madre totalmente conectada al mundo externo, sin capacidad de conectar con su universo emocional? ¿Y de mi padre?, ¿estuvo él realmente conectado con sus emociones? La desconexión que percibí en mi sistema familiar, fue un patrón aprendido totalmente internalizado por mí, que tendría la tendencia a repetir hasta que mi alma algún día dijera BASTA.

Cada decisión que tomamos nos va conduciendo a un espacio temporal determinado. Es decir, somos 100 % artífices de lo que vamos construyendo externamente en el

---

4 Fernández-Abascal, E. G., García Rodríguez, B., Jiménez Sánchez, M. P., Martin Díaz, M. D., & Domínguez Sánchez, F. J. (2010). Psicología de la Emoción. Editorial Centro de estudios Ramón Arces.

escenario de nuestras vidas. Son infinitas las oportunidades que se nos presentan a lo largo de la vida en donde tenemos plena libertad de alimentar la voz de nuestra alma o la de nuestro ego insatisfecho, que busca a toda costa evitar enfrentarse con el proceso de viajar hacia adentro y reformular el camino recorrido. En aquel entonces, por más que hubiese muchas alarmas que me indicaban que ahí no era, la emoción fue opacada y mi mente comenzó a gobernar mi accionar. Opté por seguir alimentando la voz de mi ego, para evitar el encuentro con la verdad a la que aún no sentía estar preparada para enfrentarme.

Hoy, desde una perspectiva diferente, admito que con tal de escapar de mi persona y de mi propia casa, comencé a aceptar salidas con Tobías para rellenar mis tiempos libres que, por cierto, eran extensos, ya que aún no tenía un trabajo fijo. El cansancio de sentirme *completamente sola* se hacía evidente. Cualquier pieza que llegase a mostrarme afecto, apoyo y sostén encajaría perfecto con el rompecabezas que intentaba armar en aquel entonces. Para dejar de sostener aquella soledad que tanto dolor me generaba, decidí ponerme la máscara de sumisión y acatar todo aquello que se me pidiera. Esta máscara tenía una intención positiva de trasfondo: *obtener el amor, el apoyo y el cariño de Tobías.*

Su personalidad tan encantadora y su gran capacidad para envolverme en sus discursos hicieron que lentamente opacara mi mundo intuitivo y emocional y cayera en sus garras. Fueron muchas las alarmas que tuve para distanciarme, sin embargo, mis necesidades insatisfechas que comenzaban a estar cubiertas por él tuvieron más fuerza. Notitas en el espejo, regalos inesperados, ramos de flores, viajes, y un centenar de actitudes amorosas que, por supuesto, fueron convirtiendo mis: "no estoy buscando nada serio" en un: "me estoy enamorando de tu persona". Cuando digo *de tu persona* me refiero a que me estaba enamorando de la máscara que me estaba mostrando, no de su esencia pura y real. Todas aquellas cosas que la niña Juli había carecido en su infancia, estaban siendo cubiertas por él y en creces. Aquí no digo que todas aquellas personas que tengan estos gestos sean personalidades psicópatas y narcisistas, sin embargo, hay ciertas alarmas que subyacen a estos comportamientos iniciales, que esconden una gran estrategia de seducción y chantaje emocional. Suena muy perverso, pero así es como se mueven este tipo de personalidades.

Cuando las bases de un vínculo se inician desde la necesidad de llenar vacíos y la inconsciencia se apodera de la interacción, no existe mapa que dirija al vínculo a un buen puerto. Desde mi profunda inconsciencia, él iba cubriendo todas las necesidades que yo en ese entonces no podía, ni tenía la capacidad para cubrir por mí misma. *Escucharme* no estaba dentro del mapa mental aprendido e internalizado en mi sistema familiar. Escuchar la voz de mi ego diciéndome que me quedase era más fuerte que el deseo de ir en búsqueda de un vínculo *más sano*.

La emoción como brújula

Aprender a escuchar nuestras emociones es comprender la sutil información que intentan transmitir. Para escucharlas y decodificarlas, es importante atenderlas sin rechazarlas, intentando a través de ellas percibir y observar qué sensaciones corporales nos produce sentir aquello que se activa, sin hacer uso de la mente para juzgarlas. También es importante, en este gran proceso de auto observación, identificar qué pensamientos se despiertan en nosotros y qué circunstancias externas habrían podido activar dicha emoción.

Las emociones que aparecen y son rechazadas (consciente o inconscientemente) se terminan transformando en nuestra mejor brújula interna para ver a través de ellas qué estamos necesitando y qué es aquello que no nos estamos dando.

¿Cuántas veces nos pasamos gran parte de nuestro tiempo sin atender nuestras propias necesidades y, con el afán de seguir siendo niños y no enfrentarnos a la realidad de crecer, pretendemos que quien tenemos al lado vaya cubriendo todas nuestras carencias? ¿Es tu pareja la responsable de todas las ausencias que sentís o tu pareja te refleja esa herida inconsciente que aún quedó en tu vida sin sanar?

Ejercicio

» **¿Qué emociones se despertaron en vos cuando estabas en la etapa de conocer a tu ex pareja o vínculo actual? ¿Podés reconocer aquello que sentías cuando la veías?**

____

____

____

____

» **¿Para qué elegías avanzar cuando tu intuición te decía que no avanzaras?**

____

____

____

____

» **¿De qué estabas huyendo concretamente?**

» **¿Cómo estabas con vos cuando la conociste?**

» **¿Qué era lo que concretamente necesitabas?**

» **¿Qué necesidades insatisfechas cubrías al vincularte con él/ella?** Con esta pregunta podrás indagar qué era aquello que no sabías darte a vos mismo/a.

» **¿Qué es aquello que te encantaba de él/ella? ¿Qué aspecto admiraste y te encandiló?** Con esta pregunta podrás detectar la proyección positiva que hiciste. La proyección positiva suele incluir aspectos positivos que vemos en el otro que aún no reconocemos como propios por tenerlos en nuestra sombra personal.

Responder a estas preguntas te ayudará a viajar a través de la emoción hacia ese momento semilla que elegiste gestar al vincularte con la persona, momento del cual elegiste aferrarte.

Mi experiencia y la proyección de mi sombra personal

En mi caso, cuando estaba en la etapa de conocerlo, sentí una perfecta dosis de miedo con locura. Incluso, le dediqué la canción de *Aprender a quererte*, de Morat. Canción que inicia con la frase: "cuando te vi sentí algo raro por dentro, una mezcla de miedo con locura". Mi inconsciente se expresaba a través de la música, sin embargo, en ese camino decidí continuar. Ni tranquilidad, ni confianza. Miedo y locura. El miedo inconsciente a perder todo lo que Tobías me estaba comenzando a dar era algo que lentamente comenzaba a adueñarse de todo mi sistema. Mi dependencia emocional comenzaba a hacerse más que evidente. Una situación muy similar a la que mi madre había tenido al momento de conocer a mi padre y al haber vivido con él, la contención, el cuidado y la protección de la familia perfecta, que mi padre tenía, y ella en su historia de vida no. El miedo inconsciente que tenía a perder todo lo que Tobías, en aquel entonces, me estaba brindando, comenzaba a calmarse cuando dedicaba gran parte de sus energías a satisfacer todas las necesidades que yo no tenía cubiertas: sostén, compañía, palabras que me servían para darle un poquito de dirección a mi vida y, sobre todo, algunos gestos de *cariño*. Era la personificación del arquetipo madre y padre. Me daba dirección y cariño. ¿Qué más podía pedir?

La identificación con mi madre me llevó a, sin darme cuenta, construir el mismo patrón vincular con Tobías. Quisiera aclarar, en este punto, que la holgura económica de Tobías provenía del padre, al igual que la holgura económica de mi padre provenía de su propio padre (mi abuelo paterno). Recuerdo a mi madre, en alguna de nuestras charlas en las que yo intentaba conocer más sobre su historia para conocerme más a mí, contándome la ilusión que ella, en sus primeros años de novia, se construía internamente en su cabeza: la idea de que algún día mi papá se desprendería económicamente de su propio padre. La misma historia que me contaba yo internamente, confiando ciegamente que en algún momento Tobías iba a desprenderse económicamente del padre y valerse por sus propios medios. Un discurso totalmente inconsciente que no tenía capacidad de observar en aquel entonces. Fijate cómo, detrás de esta narrativa, se encontraba la creencia de que *el hombre solo no puede*. Simplemente era un discurso que operaba dentro de mí como si fuera un *cassette* reproduciéndose constantemente. Es increíble cómo heredamos información. Mi relato interno era exactamente el mismo que el de mi madre.

En la mayoría de los casos, es más sencillo hacer cargo a otro de las *tareas* que aún tenemos sin resolver nosotros mismos: yo esperaba que Tobías en algún momento se independizara económicamente del padre. ¿Y yo? ¿Estaba realmente independizada económicamente? Nuestra situación era muy similar, con la diferencia de que él tenía la holgura económica de su familia para vivir, disfrutar, viajar y hacer uso de eso, y yo no. Éramos dos enamorados perdidos sin un norte claro en la vida, él mostrándome la máscara de que ya tenía toda su situación resuelta creyéndose la historia de que el trabajo que ejercía (misma profesión que el padre) era su pasión y propósito, y yo mostrándole la vulnerabilidad de no saber hacia dónde dirigirme.

¿Para qué me quedaba cuando sentía que no era ahí?
Para no estar sola.
¿De qué estaba huyendo?
De enfrentarme con la realidad que vivía puertas adentro de mi casa.
¿Cómo estaba conmigo misma cuando lo conocí?
En modo *ESCAPE*.
¿Qué era lo que tanto me gustaba de él?
Me encantaba la seguridad con la que hablaba, su capacidad de tener tan en claro lo que quería para su vida, que fuera tan desenvuelto a la hora de relacionarse con personas, lo elocuente que era para poner en palabras lo que quería transmitir.

Esta es la información que proyecté positivamente en él, de la cual me enamoré perdidamente. Pero, al final del vínculo, me encontré con la contracara de toda esa versión que me había construido de su persona. ¿Él había cambiado? No, yo había logrado por fin quitarme el velo de los ojos y dejar de proyectar mis carencias en el reflejo de su persona, para comenzar a ver en mí todo lo que había estado durante gran parte del vínculo proyectando en él: seguridad, confianza, dirección en la vida, una persona que se proponía las cosas y las lograba y un centenar de proyecciones positivas que hacía porque no podía hacerme cargo, ni mucho menos ver que esa información vivía también en mí.

Simplemente debía reconocerla viajando hacia adentro y trabajando sobre mi persona.

Para pasar en limpio: todos somos personas seguras e inseguras, todos tenemos días de mucha confianza y días en donde la cabeza nos juega una mala pasada y la desconfianza invade nuestro sistema por completo. ¿Qué quiero decir con esto? Cuando elegimos mostrarnos en un vínculo desde una sola faceta, por polaridad, la persona con la cual nos vinculamos nos mostrará la faceta contraria. Esto es normal y pasa. Cuando desde nuestro miedo inconsciente a mostrarnos débiles y vulnerables, solo nos mostramos desde la máscara de la seguridad, hay una gran porción de nuestra persona que no se está expresando. Al mismo tiempo, cuando desde nuestro miedo a sobresalir y destacarnos en algo, solo nos mostramos desde la máscara de la inseguridad, hay una porción de nuestra persona que tampoco se está expresando. Todo aquello que no se expresa acaba por proyectarse en la persona con la cual elegimos interactuar.

Etiquetarnos desde el famoso *yo soy así* y *vos sos así*, es sumergirnos lentamente en un vínculo totalmente fragmentado en el que, a la corta o a la larga, no queda la menor duda de que habrá más desencuentros que encuentros.

Cuando no existe complemento, todo comienza lentamente a distanciarse y a enfriarse. Ahora bien, la pregunta que ahora quisiera hacer es: ¿realmente es un distanciamiento con la otra persona o te estás distanciando de una parte tuya que te pertenece y no querés ver? Recordemos una de las siete leyes universales del Kybalion, el Principio de Correspondencia que dice: "como es arriba es abajo, ***como es adentro es afuera***". Un libro con enseñanzas del antiguo Egipto escrito por William Walker Atkinson.

¿Alguna vez te preguntaste por qué el mismo aspecto que tanto te enamoró de una persona, al cabo de un tiempo, es el foco infeccioso por el cual te irritás y te enojás? La falta de integración, la falta de apertura a comprender que quien tenés enfrente te refleja tanto tus heridas inconscientes como aquellas cosas que no te permitís o que, si te las permitís, te enjuiciás por ello, incluso todo aquello que aún no estás pudiendo ver en vos, genera que, al pasar determinada cantidad de tiempo, el mismo aspecto que tanto te gustó y encandiló en un principio, de pronto no puedas ni siquiera tolerarlo. Te comienza a dar bronca y no entendés por qué. La pregunta que quisiera que te hagas en esta instancia es:

» ¿Qué es aquello que concretamente se permite hacer el otro que vos no te lo permitís? (procurá que sea algo que, descriptivamente, sea visible a ojos de un tercero).

____

____

____

____

Voy a ir con un ejemplo para clarificar lo recién expuesto: un aspecto de la personalidad de Tobías que me había enamorado, y mucho, era su elocuencia para poner en palabras las cosas que quería transmitir. Recuerdo sentarme en el sillón de su departamento a escucharlo durante horas totalmente embobada. Al cabo de un tiempo, estando en su pueblo en casa de su abuela paterna, un día se puso a contarle a toda su familia el proyecto que tenía en mente desarrollar. Todo el mundo lo escuchaba atentamente, yo internamente LO QUERÍA CALLAR y MATAR al mismo tiempo. Recuerdo tener ese día un nivel de ira reprimido que no entendía de dónde venía. Quien se moría por tener esa capacidad de expresión era yo. Mi gran problema era la resistencia que mi ego tenía en ese entonces para familiarizarse con aquel aspecto. Tenía un bloqueo galopante en la comunicación. Exactamente la misma historia sucedía en mi sistema familiar: mi papá criticaba, y le molestaba que mi madre trabajara durante tantas horas sin parar, cuando él no terminaba de responsabilizarse de su propia empresa como adulto, delegando casi todas sus tareas (por no decir todas). En contraposición, a mi madre le molestaba ver a mi padre con tanto tiempo libre y con el disfrute tan a flor de piel, mientras ella no se lo permitía y, si se lo permitía, se enjuiciaba por ello.

Conclusión: solo vos podés darte todo lo que buscabas en tu ex pareja. Solo vos podés comenzar a animarte al cambio de percepción y a empoderarte en el camino de integrar todo aquello que reflejaste en la persona con la cual te vinculaste. Quiero que tomes conciencia de que tus necesidades no son exclusivamente de tu adulto, muchas son del niño/a que quedó en pausa en su pasado, esperando a recibirlas de su madre y de su padre. Es momento de crecer y de aprender a darte lo que tus padres y/o personas que hayas tenido de referencia a lo largo de tu infancia, desde su nivel de conciencia, no supieron ni pudieron darte. Es momento de dejar de esperar que el cambio lo haga la persona con la cual estás y empieces a generar el movimiento para abrirte a una nueva información.

Ejercicio:

Utilizando tu respiración, animate a viajar, con esta visualización, un ratito a tu infancia. Cerrá los ojos y conversá con ese niño/a. Animate a decirle que ya creciste y que vas a comenzar a hacerte cargo de tu propia vida. Visualizate. Observate siendo chiquito/a y regalate este momento de decirte internamente:

"Ya crecí, y a partir de hoy comienzo a hacerme responsable de mi propia vida como adulto que soy".

Luego de haber hecho la visualización, te invito a escribirla tres veces. Procurá acompañar este momento de escritura sintiendo en cada rincón de tu Ser cada letra que vayas escribiendo:

Te invito a ubicarte a vos y a tu pareja/ex pareja en la siguiente ilustración y a escribir todos aquellos aspectos que proyectaste positiva y negativamente en la persona con la cual te vinculaste.

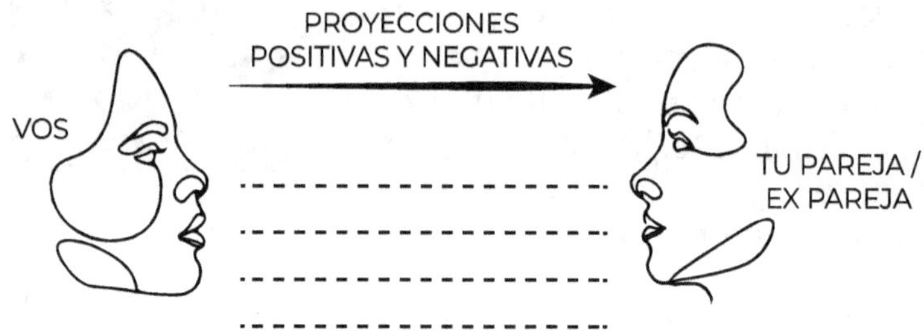

Ahora quiero que hagas el proceso inverso de retornar a vos todas aquellas proyecciones que hiciste y de las cua-

les por tanto tiempo no quisiste hacerte cargo.

Quiero que tengas el coraje de renovar tus votos con tu propio poder creador y observes la energía que vuelve cuando te das cuenta de que todo lo que proyectabas tener de la otra persona no era más que la comodidad de recibirlo de afuera en lugar de dártelo a vos mismo/a.

La eterna justificación de nuestra mente

Encontramos, como seres humanos, un camino sencillo que es el de justificar nuestros actos. Nos resulta más cómodo justificar nuestro accionar e intensificar aquello que hacemos de una determinada manera que incomodarnos en el proceso de cuestionarnos por qué nos movemos en la vida de esa forma y no de otra. Sucede que, cuando nos inclinamos a un proceso de auto cuestionamiento, hay una parte nuestra que comienza a estar más vulnerable, ya que aquello que desafiamos a la hora de cuestionarnos nuestra forma de ser es justamente la identidad de la cual nos arraigamos para *sobrevivir* en sociedad. Incluso, una identidad que nos defiende de la herida.

Así mismo, y más aún cuando un vínculo está recién iniciando, todo suele ser color de rosas y nuestras mejores facetas salen a la luz, encontramos más cómodo el camino de justificar el accionar ajeno (aunque no nos genere bienestar) que el de estar sincerándonos en ese proceso y mostrarnos vulnerables con aquello que nos afecta y/o impacta emocionalmente. Aquí no digo que tengas que abrir aquel espacio con la persona con la cual estás comenzando a salir (o si, si es un vínculo ya establecido), sin embargo, las alarmas siempre están ahí, para que puedas ir sacando a la luz aquello que te hace ruido con algún profesional, para no mentirte desde el inicio. Depende 100 % de vos. Este proceso requiere de mucha sinceridad con vos mismo/a.

De hecho, las justificaciones que nos creamos internamente para continuar obrando de la misma manera, así como las justificaciones que nos hacemos internamente respecto al accionar de alguien que nos impacta emocionalmente, de alguna manera intensifican la identificación que tenemos con aquello que *creemos ser* (ego), e intensifican la forma de ser que tiene el otro. Es así como, sin darnos cuenta, comenzamos a crear patrones vinculares en los que hay cuatro estructuras vinculándose: la imagen que tenemos de nosotros mismos, aquello que creemos que la otra persona es; la imagen de sí misma que tiene la persona con la cual nos vinculamos y la imagen que se creó de nosotros. Un enjambre de imágenes mentales que impiden que las almas puedan verse más allá de la forma.

Haciendo uso de la justificación, lo que logramos es apaciguar (momentáneamente) nuestro malestar, y le damos calma a nuestra mente. Entonces, justificar en lugar de asumir la inconsistencia o responsabilidad de nuestros actos y de los actos de un otro, es la manera que nuestra mente encuentra para disminuir momentáneamente el malestar. Es una especie de escudo personal que hacemos para defender aquello que estamos eligiendo (en este caso, la persona con la cual nos estamos vinculando).

Tu intuición puede intentar guiarte, sin embargo, la mente insiste en vincularse con aquella información conocida. Insiste en vincularse con aquella persona que hará todo lo necesario para poner tu experiencia patas para arriba y te topes de frente con cada una de tus heridas inconscientes y no observadas. De seguro que esta persona no lo hará a propósito. Esto que elegís vivir o elegiste vivir es una creación meramente tuya. Hay algo en vos que NECESITA vivirlo, para que, a través de la repetición y/o reparación de alguna experiencia vivida en tu sistema familiar, puedas darle una nueva perspectiva, libre de juicios y condicionamientos mentales, logrando así, *sublimar* la experiencia.

Me conduciré a poner en palabras una parte de la gran mayoría de los vínculos interpersonales amorosos del cual emanan eternas historias que justifican el sufrimiento de estar ahí soportando todo lo que estás viviendo.

Al comenzar un vínculo, las alarmas o lo que podríamos llamar *red flags*[5], están ahí para ser vistas. Resulta muy difícil, por no decir imposible, que la inconsciencia no se presente de a ratos cuando nos estamos relacionando con alguien. Por más cuidado que tengamos, la información se despliega para ser vista. De hecho, cuando estamos conociendo a alguien y nos encontramos en los primeros contactos, todos y todas tenemos la capacidad de percibir el campo de energía de esa persona. Cuando hablo del campo de energía me refiero a esa información sutil que nuestra intuición capta sin necesidad de establecer palabra mediante. Este campo de energía que emana cada persona determina en gran medida cómo vamos a funcionar y a reaccionar frente a ella. Sin embargo, a medida que el vínculo avanza y las emociones comienzan a estar a flor de piel, el lenguaje de las palabras pasa a dominar la relación y, con las palabras, vienen los famosos personajes que pasan a gobernar gran parte del escenario de la interacción. Es así como la atención pasa entonces al ámbito de la mente y poco a poco se disminuye la capacidad de percibir el campo de energía de la otra persona. Aun así, se percibe a nivel inconsciente, aunque ya la mente está mediando cada encuentro.

En pocas palabras, se requiere de mucha conciencia y presencia para poder detectar aquellos aspectos que sabemos muy bien que NO queremos y poder salir a tiempo. En ese minúsculo segundo en el que nos distanciamos de esa corazonada que nos indica el camino y subimos la atención a nuestra mente, la justificación se apodera de nosotros y la mente nos conduce a vincularnos con aquella información que nos resulta conocida. Reitero, cuando

---

5 ***Red flags*** —**banderas rojas**, en español—: Normalmente se relacionan con el peligro, una señal de advertencia de un escenario peligroso.

hablo de información conocida me refiero a aquellas rutas mentales que nuestro cerebro reconoce como transitadas y/o conocidas por el sistema familiar.

En mi experiencia, mi excesiva justificación a su accionar adormecía cualquier intuición que se me activase en aquel entonces. Toda manipulación, maltrato psicológico y desvalorización a la que me enfrenté, fueron justificadas por eternas historias que me contaba internamente y me impulsaban a seguir normalizando las situaciones como si fuese lo que *merecía* vivir. En aquel entonces, por supuesto que no era consciente de todo esto. En ese momento de mi vida, para mí era más importante estar acompañada que sola. Es decir, era capaz de soportar cualquier cosa con tal de no volver a la realidad de mi casa, una familia que se mantenía firme por el famoso *qué dirán*, donde el aire se cortaba con cuchillo y las cenas eran una eterna discusión sin sentido.

Con esta parte del libro intento concientizar sobre el poder que tiene nuestra mente por sobre aquello que intuitivamente sentimos.

La información que nos resulta conocida atrapa nuestra atención

Tenemos en nuestra cabeza un órgano extremadamente sofisticado que tiene la tendencia a ahorrar energía y responder a las distintas circunstancias que se le presentan de la forma en la que aprendió a funcionar a lo largo de nuestros primeros años de vida. Por esto mismo es que a veces cuesta tanto cambiar. Es como si quisiéramos cambiar la dirección de un auto que va a 140 kilómetros de velocidad. Este órgano que tenemos a disposición se rige, entre otras tantas cosas, de aprendizajes y patrones.

Las experiencias que vivimos a lo largo de nuestros primeros años de vida, aunque no nos demos cuenta, van dejando una huella muy marcada en nosotros. Aquello que observamos, escuchamos y percibimos, queda arraigado a nuestra psique como si de verdades se tratasen. Esta información es la que opera en nuestra vida adulta, debido a que nuestro cerebro tiene la tendencia a resonar con aquella información que le resulta familiar y conocida.

Serle fiel a esa información mental y egoica es comenzar a vivir una vida en la que la repetición de aquello que vimos (ya sea en la misma polaridad o en la contraria) hace que vayamos desplegando escenarios en nuestras vidas, en los que no terminamos de comprender nunca por qué tenemos esa sensación de estar siempre en el mismo lugar.

He aquí la famosa frase: "siento que estoy girando en bucles". Este tipo de frases que suelen aparecer en nuestros discursos ponen de manifiesto una inmensa falta de amor, perdón y compasión hacia nuestra propia historia de vida, incluso hacia las experiencias y las personas con las cuales nos estamos vinculando. Cada una de ellas, haciendo referencia a todos aquellos vínculos con los cuales interactuamos en nuestra vida adulta, refleja nuestras heridas más dormidas e inconscientes. Sin embargo, el camino que encontramos cómodo es el de seguir optando por relacionarnos desde la máscara que construimos para evitar toparnos de frente con la herida. Y, así, luchamos y luchamos con el mundo externo, esperando a que algo de nuestro mundo cambie, cuando en realidad quienes tenemos que cambiar somos nosotros mismos. Estas máscaras que construimos son justamente las que nos impiden encaminarnos a vínculos reales y genuinos.

Justamente, el desafío que se nos presenta como humanidad es el de encontrar el *equilibrio* en nuestras vidas.

Llevando la suficiente *conciencia* y *presencia* a las distintas circunstancias que vamos viviendo, para no polarizar nuestras conductas y comportamientos a una determinada forma de accionar sino, más bien, poder ir dando respuesta de acuerdo a la corazonada que se despierta frente a cada situación, sin necesidad de recurrir a adoptar formas excesivas en las que terminemos reprimiendo algún aspecto que en cierto modo nos resulta inapropiado en la interacción con nuestro entorno.

Capítulo 5: Conociendo a la personalidad narcisista

El sutil y exhaustivo estudio que hace de tu persona

La persona narcisista es algo así como un *vampiro emocional*: en una primera instancia intentará hechizarte con su *glamour* y con su galantería, para luego dejarte sin energía, sin amigos y sin autoestima. Estudia minuciosamente tus deseos, ambiciones y carencias para ir cubriendo todas esas necesidades e ir convirtiéndose en una pieza fundamental en tu vida.

En los inicios del vínculo es muy probable que se interese por demás en tu vida personal. El objetivo (la mayoría de las veces inconsciente) que intenta alcanzar con este exceso de atención que pone sobre tu persona es el de analizar de dónde venís, qué tipo de familia tenés, con quien tenés más afinidad, con cuál de tus padres tenés mayor conflicto, qué tipo de amistades tenés, cómo te enfocás en la vida, qué deseos y ambiciones tenés para tu futuro, cuáles son tus fortalezas y debilidades, entre muchas otras cosas que le interesan saber para *cranear* el minucioso plan que ejecutará sobre tu persona. En pocas palabras, estudia cuáles son las *grietas emocionales* que cubrirá en un principio para que caigas en su encanto. Aclaro que este accionar es totalmente inconsciente.

Es un estudio sutil mediante el que detecta aquellas grietas que tenés en tu vida, a las que alimenta para ir creando los lazos que te encaminan, lentamente y a paso firme, hacia una gran dependencia emocional, quizá sexual y, por qué no, económica. Si bien porta una gran máscara de confianza con la cual se muestra al mundo, caracterizada por la sobreestimación de sus propias capacidades y subestimando la valía y capacidades de las personas con las cuales interactúa, es tal el miedo que tiene a que la abandones que pone el ojo estratégico en ir creando lazos de conexión que te impidan a vos poder tomar la decisión de dejar el vínculo en un futuro.

El exceso de atención que te dedica al principio, para estudiar exhaustivamente el mapa de tu realidad, con el tiempo va aminorando la carga y absolutamente todo comienza a pasar sobre esa persona. ¿Qué quiere decir esto? Con el paso del tiempo, te irás acostumbrando a escuchar y ver más a la otra persona que a vos mismo/a. Esto sucede por la gran necesidad de captar la atención del mundo externo que tiene. Hoy encuentro muchísimo sentido haberme topado con una personalidad así, debido a que durante mi infancia no sentí tener la suficiente atención de mis progenitores. Mi ex pareja me mostraba exactamente esa misma necesidad insatisfecha de atención que yo: él tenía esa misma herida y necesitaba, a toda costa, la atención de alguien en su vida, accionando de tal manera que pudiera tener los ojos de alguien sobre él. Teníamos exactamente la misma herida. De todas formas, en ese momento no tenía la capacidad de ver y concientizar esto.

Los vínculos de este estilo suelen iniciar con una intensidad paranormal en muchos aspectos. Intensidad de encuentros, intensidad sexual, intensidad emocional, intensidad de tiempo compartido y un larguísimo etcétera. Una intensidad que refleja la necesidad que tienen ambas partes de sentirse amadas y observadas. Con la misma intensidad con la que inicia va bajando su graduación y el cuento de hadas, de pronto, se transforma en una historia de terror de la cual resulta extremadamente difícil salir. He aquí el comienzo de una eterna historia en la que tenés nulo poder de decisión. No hay espacio para expresar tus ideas y compartir lo que pensás y sentís. Esta completa nulidad y falta de espacio que se presenta en el vínculo refleja lo invisible que probablemente te sentiste cuando fuiste pequeño/a. No es el otro el que te anula, sos vos que aprendiste a funcionar así en tu infancia y permitís que eso suceda, por resultar una información conocida y transitada en tu vida. Tu alma necesita experimentarse en esas situaciones tantas veces como considere necesarias hasta que aprendas la profunda lección que subyace a la experiencia: *aprender a amarte, observarte, escucharte y elegirte*. Y, por qué no, aprender a establecer tus propios límites.

En definitiva, hacemos con los demás, lo que tenemos dentro de nosotros mismos y no queremos ver. Esta gran dependencia que este tipo de personalidad intenta construir en la persona con la que comparte, sucede porque ella también la tiene y necesita asegurarse de que ambos estén en las mismas condiciones, para que no se la abandone. Una vez que se asegura esta dependencia, comienza a portar la máscara de confianza y seguridad. Dejándote a vos atrapado/a en un ovillo en el que te resulta difícil encontrar claridad.

Iré un poquito más profundo. La personalidad dependiente tiene la necesidad de dramatizar mucho todo: el más mínimo reclamo que recibe toma forma y adquiere proporciones extremadamente gigantescas. Si comprendemos que detrás de todo comportamiento en exceso se esconde una intención positiva, dramatizando las situaciones consigue, como beneficio, la atención externa, lo que le evita sentirse abandonada y/o rechazada. Este tipo de persona, así como también quienes eligen compartir su tiempo con ella, encuentra menos doloroso el hecho de vivir reiteradas veces situaciones de conflicto a estar viviendo alguna situación de abandono y/o rechazo. Eso sí le resulta paralizante.

El conflicto pasa a ser la droga que alimenta el vínculo y el motor impulsor de cada mañana que alimenta el mismo patrón vincular. Las partes no terminan de darse cuenta de que detrás de cada conflicto que emerge a diario en el vínculo, subyacen dos personas doloridas, intentando sobrevivir a la máscara que se crearon para escapar de su propia herida.

Solo un dependiente puede comprender a otro dependiente.

Vincularte con una personalidad así te deja secuelas emocionales y psíquicas muy profundas. Lo único que quiero decirte en este momento, para que no tires la toalla y confíes, es que no aquietes tus ganas de volver a vos y reencontrarte *con tu propia verdad*. Se puede. Detrás de todo esto que mostramos, detrás de todas las identidades que creímos ser, somos la misma esencia.

Si yo pude salir, ¿por qué vos no podrías?

El narcisista busca personalidades extremadamente empáticas

Nada le importa más que su reputación, impresionar y triunfar en lo que hace. Pareciera que está enamorada de su propio reflejo. El narcisista obsesiona a su víctima con la imagen externa que da.

Aún sigo teniendo grabadas en la piel frases dichas en la cocina de su casa como: "mis amigos me dicen que estoy para mucho más". Es increíble cómo una simple frase iba creando en mí, sin siquiera saberlo, una profunda admiración inconsciente y una necesidad imperiosa por hacer todo lo necesario para que me siguiera eligiendo. Eran incontables los intentos que hacía para ubicarse en un lugar que lo hiciera sentir por encima mío. En esta misma dinámica, era tal el nivel de idealización que establecí que comencé a desdibujarme por completo con tal de mantenerlo cerca de mí.

La máscara que porta una persona narcisista, y todo su comportamiento, hace que encaje a la perfección con personas empáticas, que inundan su vida de halagos, para finalmente conseguir su admiración y atención incondicional. El *match* es realmente perfecto. Las polaridades se atraen para complementarse. Aunque rara vez hay complemento.

¿Por qué tiene la tendencia a buscar personalidades extremadamente empáticas? Porque busca alimentarse de todos los atributos que ella por sí sola no puede ni tiene la capacidad de desarrollar. Se enamora perdidamente de este tipo de personalidades ya que sabe muy bien que son personas que empatizan con la locura que ella lleva dentro. Por supuesto que no lo hace de manera consciente. Toda esa empatía que no se permite en su vida y que, por consiguiente, permanece en su sombra, trae como consecuencia que, en la realidad que ella crea, proyecte en sus vidas personalidades que le mostrarán lo que ella no hace.

Algo grande que tenemos que aprender a la hora de vincularnos con personas que despiertan una gran carga afectiva y emocional es que inconscientemente buscamos *complementarnos* a través de ellas. Es decir, a una personalidad narcisista la atraerá una personalidad empática justamente porque es un atributo que no tiene desarrollado: pensar y empatizar con las emociones, sentimientos y la vida de un otro. En contraposición, a una personalidad extremadamente empática le atraerán personalidades narcisistas que piensan mucho en sí mismas, justamente porque es un aspecto de la personalidad que el empático no tiene casi desarrollado. Si bien cada persona porta una máscara diferente, en el fondo tienen la misma herida.

Retomando lo mencionado recientemente, las polaridades se atraen para complementarse y evolucionar. El gran problema está cuando las partes se vinculan desde la historia que las llevó a identificar a su ego con lo que creen ser (máscara) y no hay movimiento, sino egos estancados en sus respectivas formas, vinculándose y admirando o rechazando en el otro aquello que no pueden ver en sí mismos.

Algunas señales para detectar a una persona narcisista

Al principio es un encanto de persona... demasiado, incluso

Que no te extrañe que al comienzo sea un príncipe o princesa encantador/a como en las películas de Disney. El gran problema es que todas sus armas de seducción, que aparecen al comienzo del vínculo, van desapareciendo en la medida en la que se va asegurando de que caíste en su trampa. Que una persona narcisista te impacte nada más al conocerla no es para nada casual; yo lo viví como un real bombardeo amoroso, una práctica avasallante para captar mi adoración y plena atracción sobre su persona. Pueden ser notas en el espejo, flores que de repente te llegan al trabajo, mensajes de texto inesperados llenos de amor... No son actos hechos desde el profundo cariño, sino que el objetivo inconsciente que esconde su accionar tan desproporcionado es el de manipularte y seducirte, para que comiences a querer invertir más tiempo con ella.

Encantadora, seductora e inspiradora de confianza (solo al principio)

Encuentra todas tus debilidades y las intenta potenciar a toda costa. Se pasará gran parte de su tiempo dándote consejos e inspirándote a que confíes en lo que querés hacer. Busca darte seguridad en aquellos ámbitos de tu vida en donde no estás del todo bien establecido/a. Te inspira confianza. Así se muestra la persona narcisista en un primer momento, sin embargo, poco a poco se desvelan sus verdaderas intenciones: hacerte sentir inferior y que no alcances tus objetivos.

RED FLAG: ¿Dónde están sus amistades?

Hay una señal inicial durante una relación con una persona narcisista que indica que es mejor alejarse. La primera es que no tiene muchas amistades *genuinas*. Y, atención acá, porque si bien puede estar llena de amigos y amigas, todo es un telón montado para demostrarte que no está sola. En mi caso, sus amistades eran nocturnas, muy superficiales y, algo que me parecía extraño, era que no terminaba de quedar claro desde hacía cuánto tiempo se conocían.

Te vende un mundo de ilusiones

Conoce muy bien tus deseos y ambiciones y va a intentar allanar tu camino para que logres las cosas, a costa de esfuerzos que ella hace para que alcances tus metas. Cuando esto sucede, es muy normal que ante cualquier posible éxito que aparezca en tu vida, se dé el lujo de decirte que tus logros son porque ella te dio la posibilidad de que los alcances. Al fin y al cabo, tus esfuerzos nunca valen tanto como los que ella hizo por vos.

El *exceso de generosidad*, esconde una trampa

Una personalidad así no tiene su lado narcisista todo el tiempo visible. Sabe que, por momentos, debe volver a hacer uso de una faceta encantadora, para ir equilibrando el malestar en el que estás todos los días de tu vida. Va calibrando su accionar, dándote momentos en los que no todo es tan oscuro. Prestá mucha atención cuando te muestra un exceso de generosidad. El fin último que tiene es hacerte creer que sin ella no lo vas a lograr: va introyectando a nivel inconsciente que sus ideas son mejores que las tuyas. Es muy probable que llegues a creer que no vas a conseguir otra persona que te ayude, ni mucho menos que te brinde apoyo en lo que deseás hacer.

Te somete a cargar con todo aquello que no acepta de sí

En vínculos de este estilo, el nivel de proyección es abismal. Tanto de tu parte, como persona que proyecta positivamente muchos aspectos que no logra reconocer de sí en este tipo de personalidades, como de parte de la personalidad psicópata y narcisista, que intentará hacerte creer que quien tiene que trabajar en su persona para que el vínculo prospere y funcione sos vos. Es muy probable que llegue un momento en el que estás tan desdibujado/a que tenés nula capacidad para distinguir qué es tuyo y qué le pertenece a esa persona. En estas instancias, suelen darse muchas situaciones en las que esta personalidad, en el intento de seguir haciéndote responsable de todo, comienza a proyectar todo aquello que no acepta de sí misma en tu persona.

Por ejemplo, en mi caso, recibía frases como: "aceptá que me envidiás", "andá al psicólogo", "sos una psicópata", "deberías ir al psiquiatra", "estás loca", "aceptá que me competís todo el tiempo". Toda esa información le pertenecía (y me pertenecía). Eso sí, el psicópata y narcisista dice que no envidia, no compite y no necesita ir a terapia, porque ya tiene todo resuelto: es realmente un *ser perfecto y luminoso*.

Descalifica tu entorno más cercano

Aquí hay dos cartas muy importantes a tener en cuenta. Muy a menudo te recrimina que salís demasiado con tus amistades y que, además: "son todos unos falsos y no valen la pena". El plan a medio-largo plazo es crear en vos una tremenda relación de dependencia para con ella. Es decir, que te resulte imposible cortar el vínculo porque terminaste creyendo su discurso, alejándote de todos tus vínculos cercanos y, al distanciarte de todo tu entorno, *lo único que te queda es ella*.

Es una estrategia realmente buena, la viví. No te das cuenta de en qué momento lo hacés. La decisión de alejarte de todo tu entorno la tomás impulsado/a por el centenar de cosas que te dice; y le creés, porque te habla con una seguridad galopante.

La segunda carta que tiene bajo la manga es que va muy lentamente descalificando todos y cada uno de tus vínculos, para que te cuestiones tu realidad, tus recuerdos e incluso tus percepciones. Se toma el tiempo de inventar historias muy bien elaboradas.

Recuerdo estar de viaje con dos amigas y que, por teléfono, me dijese que conocía a un amigo de una de ellas y que le había contado que mi amiga había sido infiel. Y a este hermoso cuento adhería: "¿Con qué tipo de amigas te vas de viaje? ¿Qué sentirías si yo me fuese de viaje con todos amigos infieles?"

Te despierta el sentimiento de culpabilidad constantemente

Tiene una gran capacidad para hacerte sentir culpable por absolutamente todo. Llega un momento en el que sentís la necesidad de pedir perdón por cualquier cosa. No hay nada que hagas bien, para ella. Todo tiene un error o una mejor manera de hacerlo. Va descalificando tu accionar y te va anulando lentamente como persona. Cuenta con una gran habilidad para dar vuelta tus discursos y llevarte a pensar las cosas como ella quiere que las pienses. Todos los problemas que se van presentando a lo largo del vínculo tienen sus bases en acciones que vos hacés mal y que tenés que sí o sí modificar para que las cosas funcionen. Vivir esto es un intenso calvario.

Una palabra que le resulta totalmente tabú: Perdón

Jamás va a pedirte perdón, no es una acción que haya aprendido. Sin embargo, puede llegar a hacer uso de la palabra en la medida en la que observe que está al límite de perderte.

Falta de empatía A TOPE

La persona narcisista es totalmente incapaz de identificarse con los sentimientos y necesidades de los demás. No es que no quiera. No puede, no lo tiene aprendido. Vive en su propio mundo.

Tu escaso poder para darle peso a tu opinión lo utiliza a su favor

Es muy probable que hayas experimentado, en reiteradas oportunidades, el contarle cómo te sentías con respecto a determinadas situaciones y encontrarte con un escaso espacio de diálogo genuino. Como consecuencia, te topabas con grandes peleas, que no terminabas de comprender cómo se habían iniciado. Discursos que se daban vuelta estratégicamente para cargarte con la culpa de haber generado una discusión innecesaria.

Se desliga de la responsabilidad de sus propios actos

Este tipo de persona busca desligarse de la responsabilidad de su accionar y, en un sutil acto de palabras muy bien elaboradas, intenta hacerte sentir que quien se está tomando como agresión personal las cosas, sos vos. Esto genera que vayas cargando con el peso de estar exagerando las situaciones y, lentamente, te vas anulando en tus ganas de decirle lo que sentís y pensás. El nivel de represión es abismal.

Sos la fuente y la causa de sus exabruptos cargados

de enojo e ira

Suele ser una personalidad extremadamente susceptible. Se siente ofendida con mucha facilidad y reacciona con extrema ira cuando se la contradice o se la critica. Es tal el nivel de ira que desprende de sí, que la persona con la cual comparte se ve obligada a darle la razón con tal de minimizar sus explosiones de cólera. Cuando un psicópata o narcisista se enoja, la intensidad del enfado es siempre totalmente desproporcionada al hecho. Repito: siempre. En mi experiencia, ha llegado a romper a puño cerrado las puertas de su departamento.

La persona psicópata no se enoja un poquito, sino que va de 0 a 1000 en cuestión de segundos, generando que la persona con la cual está no tenga tiempo de procesar qué es lo que ha ocurrido. En mi experiencia, realmente nunca terminé de comprender el detonante de sus exabruptos.

Toda esa descarga que hace la deposita en tu persona, logrando así apagar tu brillo, lentamente. Cuando se libera de todo lo que quería decir, sigue con su vida como si nada, dejándote totalmente abatido/a por la violencia psicológica recibida. Este es el momento en el que necesitás un espacio con vos para calmar tu ansiedad. Y la persona psicópata, por tanto, queda libre y tranquila para poder hacer lo que tenga ganas de hacer, sin recriminación alguna, alcanzando la libertad que tanto anhela.

Minimiza tu sentir sin importar el daño intencional de su propio accionar

Una actitud muy común es minimizar lo que sentís, haciéndote creer que *no es para tanto* lo que hizo. En la lógica que tiene construida, no es su comportamiento el que está mal, sino el cómo te hace sentir eso a vos. De esta manera, logra desligarse de la culpabilidad y cargarte a vos como la única persona que *agranda* las cosas más allá de lo que verdaderamente son. Al mismo tiempo, puede hacerte responsable de su accionar con frases como: "vos me provocaste para que yo hiciera esto".

Entra en estado de pánico si amenazás con dejarla

Es normal pasar al melodrama si alguien te deja. Pero, particularmente, la persona narcisista sufre una transformación actitudinal espectacular. Se convierte, durante un breve lapso de tiempo, en la persona que era al inicio de la relación. En estos momentos, "te juro que cambié" es su frase de cabecera. Sin embargo, creeme que el cambio es apenas temporal. En situaciones muy límite, en las que percibe que estás dándote cuenta de las cosas y ve que te empoderás un poco y tomás alguna que otra decisión, puede llevar la situación al extremo de decirte que va a suicidarse. En mi caso, me extorsionaba diciéndome que se iba a tirar por el balcón y que iba a ser mi culpa si lo hacía.

Todas estas señales son las que viví en mi propia historia, puede que no te sientas identificado/a con cada una de ellas.

Capítulo 6: El eterno durante y la influencia de la infancia en nuestra vida adulta

Conversaciones de doble vínculo

Expondré a continuación la *Teoría del doble vínculo*, de Gregory Bateson[6]. Una información que llegó a mi vida mientras estudiaba Bioneuroemoción® en plena pandemia, aún conviviendo con Tobías. Recuerdo estar en el escritorio de su casa, leyendo esta teoría. Mis ojos se abrían de par en par, ya que era exactamente lo que estaba viviendo con él. Si bien al principio no quería creerlo, ni tampoco quería verlo con tanta claridad, la resonancia fue inmediata y automática.

Las **conversaciones de doble vínculo** son muy comunes en este tipo de patrón vincular y traen muchas

---

6 Bateson, G. (1972). *Pasos hacia una ecología de la mente. Una aproximación revolucionaria hacia la autocomprensión del hombre.* Ediciones Lohlé-Lumen.

consecuencias para las personas que están sumergidas en este tipo de dinámicas. Son mensajes contradictorios entre sí, que buscan, en el fondo, ir generando una falta de entendimiento total por parte de la persona que los recibe. Bateson decía que alguien apresado por el doble vínculo puede llegar a desarrollar síntomas esquizofrénicos, debido a que, sea cual sea la elección que tome, estará siempre equivocado/a.

Expondré a continuación un ejemplo, para clarificar lo recién expuesto:

Uno de la pareja dice: "quiero estar siempre con vos, si estás conmigo nunca te faltará nada". Exactamente esto lo viví yo con Tobías. Es una frase que despierta en uno la seguridad de la no escasez y, al mismo tiempo, la promesa de tener a la persona cerca para siempre. Sin embargo, la misma persona que dice esto nunca está en casa y, cuando uno necesita algo de ella, nunca está presente, está muy ocupada trabajando o tiene alguna responsabilidad que atender. Esto genera que quien recibe ese mensaje contradictorio siempre dude y esté en un profundo estado de *confusión* e *inmovilidad*.

No quisiera pasar por alto que esta información que me reflejaba Tobías de *nunca estar presente y siempre estar muy ocupado trabajando con sus proyectos* era una gran enseñanza para mí, en cuanto a recordarme a aquella madre tan ocupada que había tenido a lo largo de mi infancia. Él simplemente era el encargado de reflejarme, en esta encarnación, mi propia herida. La que debía ir hacia adentro para cuestionar el para qué estaba viviendo aquella situación era yo misma. La que debía cuestionarse el por qué me generaba tanta angustia su ausencia era yo misma. ¿De dónde venía ese profundo vacío que sentía?

Solo cuestionándonos aquello que nosotros mismos reflejamos en la pantalla de nuestra realidad, podremos encaminarnos hacia un cambio de percepción que nos impulse a ver la situación desde un ángulo más evolutivo.

Retomando las conversaciones de doble vínculo, las personas que son víctimas de este tipo de mensajes contradictorios están siempre en duda y no saben qué hacer, porque le llegan dos mensajes distintos y contradictorios de parte de la misma persona. Esto, sin lugar a duda, crea un gran estado de malestar, estados profundos de confusión, ansiedad, indefensión aprendida, culpa e inseguridad. Generalmente, cuando se dan este tipo de dinámicas, una de las personas está en una situación de *poder* y esto hace que la otra no sea capaz de contestar o hacer algo para evitar el doble vínculo. Genera una inmovilidad total.

Por ejemplo, haciendo referencia al caso compartido: si yo me iba, *perdía* su compañía y la seguridad de que nunca me fuera a faltar nada. Esta situación despertaba en mí, a nivel inconsciente, el ser totalmente dependiente de él, debido a la creencia de que, sin él, no iba a ser capaz de alcanzar esa independencia.

Para que una persona pueda dejar de estar inmersa en una situación de conversaciones de doble vínculo, lo primero que tiene que hacer es darse cuenta de que está siendo parte de él. Ser consciente de esto, por lo menos, te da una primera pauta para comprender que no tenés la culpa y que, hagas lo que hagas, ninguna de las decisiones que puedas llegar a tomar le terminará de satisfacer a la persona con la que estás.

En resumen, la teoría del doble vínculo es una teoría sistémica propuesta por Bateson que intenta explicar lo que ocurre cuando una persona le da a otra **dos mensajes contradictorios**. Existen algunas características necesarias para que se considere doble vínculo: por un lado, tiene que existir una relación significativa entre quienes están inmersos en esta dinámica, por el otro, no tiene que ser un hecho puntual sino algo que se repita, es decir, que sea un patrón recurrente en la interacción entre las partes.

¿Las conversaciones de doble vínculo tienen alguna conexión con nuestra infancia? Por supuesto que sí. Habría que indagar qué tipo de mensajes contradictorios recibiste en tu infancia de tus referentes más cercanos, para que en tu vida adulta soportes ese tipo de información como algo conocido.

En mi experiencia, el hecho de que me dieran tanta libertad en la vida como un fiel reflejo del amor y la confianza que mis padres me tenían y de que ellos lo único que querían era que yo fuera feliz, lo encontré bastante contradictorio con respecto al escaso cuidado, contención, apoyo y amor que percibí por parte de ellos en esos mismos momentos. Hoy puedo observar la situación desde un ángulo que me permite comprender que la libertad que proyectaban tanto en mí, era la que ellos querían para sus vidas y no lograban encontrar.

Si creés que estás siendo víctima del doble vínculo y no podés salir de él, pedí ayuda profesional.

La desvinculación que hice con mi propia persona

Separarme de mí fue un viaje progresivo que transité a lo largo de todo el vínculo con el narcisista. Me fui abandonando por completo. Viví una desvinculación y una desconexión total con mi propia persona, sin darme cuenta, fui permitiendo que todo sucediera. Estaba totalmente disociada de mí y no existía en el mapa de mi vida capacidad de acción alguna. Transité un proceso en el que no podía ni llorar, la conexión con lo que sentía era totalmente nula. Fue un camino que transité durante dos años de mi vida.

Reconocer esto no significa que "me hago cargo de todo lo sucedido y todo es mi culpa". Esto es más bien un viaje de sanación, donde soy consciente de que "nunca nadie me lastimó y maltrató más que yo misma" y comprendo, al mismo tiempo, que todo lo que permití en aquel vínculo fue siempre menor al nivel de maltrato que tenía conmigo misma. Cuando ese límite se traspasa y lo reconocés pueden ocurrir dos cosas: o te quedás dormido/a o elegís despertar.

Todavía recuerdo el miedo galopante que se apoderaba de mí cuando creía que en cualquier momento me iba a abandonar: vivía en estado de alerta y nerviosismo, de temblor constante. Y hay que sumar a la ecuación que, en la última etapa del vínculo, cuando ya mi estado anímico reflejaba la depresión que estaba viviendo internamente, frases como: "hace tiempo que no estoy enamorado de vos" aparecían en su discurso. Me estremecía el cuerpo por completo. La vida es literalmente un proyector de lo que hacemos con nosotros mismos y no vemos. Hoy puedo comprender por qué me decía eso. ¿Cómo iba a tener a una persona al lado mío que me amara si yo no tenía la más mínima capacidad de cuidarme y amarme a mí? ¿Cómo iba a pretender tener una persona que me amara si estaba con alguien que ni siquiera se amaba a sí misma? Éramos la magnífica representación del desamor, personificado en un vínculo de pareja.

Te cuento esto para que no sientas que solo vos viviste esta experiencia, somos muchas almas sanando. La disociación que uno vive alimenta de manera sobrenatural la seguridad y confianza del narcisista. Es tal la distancia que establecés con tus propios límites, deseos e intereses, que, por polaridad, la personalidad narcisista comienza a tener exceso de confianza y seguridad en sí misma.

Esto es una ilusión. La confianza no es netamente real. De hecho, este exceso de confianza que muestra, es una máscara que su yo egoico adopta para esconder la gran inseguridad que lleva dentro de sí. Para llegar a esta instancia de confianza en sí misma, intentará, por todos sus medios, ir generando en tu persona todo tipo de inseguridades, para sentirse superior a vos. Es tal la desvinculación que hacés de tu persona a lo largo del vínculo, que cualquier cosa que te dice tiene un gran poder sobre vos y te genera un desequilibrio inmenso, ya que *todo lo que dice es real, correcto y no tiene margen de error*.

En mi caso, por ejemplo, hubo dos situaciones que ahora recuerdo que me marcaron mucho. En un momento del vínculo se la pasaba diciéndome que tenía mal aliento, lo que generaba que saliera corriendo a la farmacia a comprar todo tipo de soluciones para que no me dijera más eso. Quiero que te imagines lo poco *sexy* que me sentía teniendo a mi ex pareja diciéndome eso *constantemente*. Hasta llegué al extremo de irme a dormir con caramelos de menta en la boca. Otro día, en la cama a punto de tener relaciones, se paró totalmente sacado de lugar y me hizo creer que estaba haciendo mal las cosas y que lo estaba lastimando. En fin... Estos tan solo son dos de los momentos que ahora recuerdo. Fueron miles. Lo que generaba que soportara tanto destrato era justamente la galopante disociación que tenía con mi persona. Directamente no me reconocía. Aunque sí lo reconocía en demasía a él. Este exceso de atención que tenía sobre su persona, traía como consecuencia que no midiera la dimensión de las situaciones que estaba viviendo. En aquel entonces, creía merecer un hombre de estas características a mi lado.

La soledad se fue apoderando lentamente de mí

Luego del exhaustivo estudio que hace de tu persona, de tu entorno y de la forma en la que interactuás con ese entorno, no tardará en comenzar a buscarle defectos a todas y cada una de las personas con las que te rodeás. Amigos, familiares y/o cualquier vínculo que pueda llegar a percibir como *peligroso* para la seguridad que se construye al vincularse con vos.

Todavía recuerdo que durante uno de los primeros meses del vínculo se acercó a mi casa y me dijo: "me gustaría que, al igual que lo hago yo por respeto a vos, elimines de tu cuenta de Instagram a todos los hombres con los cuales tuviste algún tipo de vínculo sexo-afectivo". Hoy puedo ver cómo este tipo de personalidad necesita ir armándose de su propio espacio de seguridad, para caminar firme y confiada en el vínculo.

Te compartiré otro ejemplo que, tiempo después, escondió un gran aprendizaje para mí, aunque en ese momento no tenía la capacidad de verlo. Así como mencioné en capítulos anteriores, las parejas se juntan y las historias familiares se complementan. Con mi madre teníamos un vínculo muy estrecho y cercano. Nuestro vínculo era una simbiosis. En contraposición, Tobías había perdido a su madre muy de chiquito en un accidente de tránsito. Es decir, toda su carencia respecto a lo afectivo y lo maternal lo cubrí yo a lo largo de gran parte del vínculo. Por más que Tobías se llenara la boca diciéndome que él había hecho mucha terapia y que ya había superado esa historia, esto no era así, ya que a lo largo de su relación conmigo, con comentarios y otros recursos, fue encargándose de distanciarme de mi mamá (por supuesto que yo permití que eso sucediera).

¿Para qué hacía esto? Para hacer consciente, a través de mí, el conflicto inconsciente que él tenía por la pérdida de su madre. Al entrar en conflicto y tomar distancia de mi propia madre, yo también poco a poco la iba *perdiendo*. No físicamente, pero sí a nivel vincular. Lo que hacía era proyectar su profundo dolor inconsciente en mi historia y, a través de mi experiencia, intentaba hacer consciente su propia inconsciencia (aunque no lo hiciera). Toda esta situación fue generando que yo fuera despertando un intenso y profundo odio contra ella.

¿Por qué digo que esta experiencia tiempo después escondió un gran aprendizaje para mí? Porque el conflicto es muy necesario para crecer y para que un vínculo evolucione y prospere desde la autenticidad de mostrar todas las facetas que, como humanos, tenemos. Y yo muy pocas veces, por no decir nunca, había establecido conflicto alguno con mi madre. Éramos algo así como mejores amigas. Esto hacía que estuviéramos *siempre bien*. Es necesario vivir los extremos para que, a raíz de esa experiencia, se pueda reconocer el equilibrio o el famoso camino del medio.

El auto cuestionamiento que me hago hoy es: ¿Qué me llevaba a estar obedeciendo tanto a Tobías? He aquí la representación clara de una niña que estaba repleta de heridas. El hecho de no haber sentido la presencia, el cariño y el amor de mi madre cuando era chica, me había conducido a ponerme la máscara de la pareja obediente, para que él me quisiera y me proporcionara el cariño que no tuve. Por otro lado, la ausencia de *padre firme* que viví, me llevaba a buscar un hombre que me mostrase aquello que yo no había percibido en la figura de mi padre. Fijate cómo, en mi experiencia, si bien había tenido presente físicamente a mi madre, la herida era exactamente la misma que la que Tobías había vivenciado al no tenerla. Simplemente, cada uno había adoptado una máscara diferente. Y sostenerla, a costa de mostrarnos fuertes frente al mundo y afianzarnos en lo que creímos alguna vez ser, se había convertido en el objetivo primordial del vínculo.

El victimismo como arma para hacerte sentir culpable

El victimismo es la huella de la baja autoestima. Es un gran recurso que utiliza para ir cargándote con la culpa de las situaciones de conflicto que se van presentando a lo largo del vínculo. Las veces que intenté cuestionar el accionar de su persona, se limitó a llamarme loca.

Te compartiré tres señales que ponen muy en evidencia el círculo de manipulación que establece quien hace del victimismo un estilo de vida:

El victimista envía mensajes implícitos e imprecisos en forma de queja o lamento

Por ejemplo, te dice de pronto: "Nadie sabe cuánto me costó llegar hasta acá". Entonces, no sabes si quiere que le reconozcas el mérito, si te está reclamando porque a vos no te costó lo mismo o si quiere que le ayudes para algo en particular.

Te sentís culpable la mayor parte del tiempo

Cada conversación que tenés te deja la impresión de

ser responsable de algo, pero nunca atinás a definirlo. Y, al no poder ni tener la capacidad de definirlo, la tristeza y el malestar impreciso conviven con vos en todo momento.

Es capaz de hacer grandes sacrificios por otros, sin que estos se lo pidan

Hará gala de ello. Y utilizará este *gran sacrificio* para echarlo en cara en un posible futuro, cuando necesite hacer uso de ese momento.

Cuando alguien exhibe alguno de estos rasgos, estamos frente a una persona que ha asumido el rol de víctima frente a la vida.

Reacciones totalmente desproporcionadas, ¿espejo?

En nuestro primer viaje al pueblo donde él vivía de chico, recuerdo que estábamos organizándonos para ir a pasar el día de playa juntos. Con todo cargado en la camioneta camino a la playa, de pronto, en milésimas de segundos, un ataque de ira totalmente repentino se apoderó de su persona. No logré dimensionar lo que había sucedido en ese momento. De un segundo a otro, sacó de lugar el volante del auto y rompió sus anteojos. Automáticamente se dio cuenta y justificó su exabrupto culpándome de que yo no había ayudado en absolutamente nada.

Estas reacciones totalmente desproporcionadas, y otras tantas que tuvo a lo largo del vínculo, captaban mi atención y me hacían muchísimo ruido interno. De hecho, me afectaba mucho emocionalmente que fuera así. Ahora bien, comprendiendo que todo lo que atraemos habla de nosotros, ¿qué tenían que ver esas actitudes conmigo?

Por supuesto que en ese momento de mi vida no lograba verme reflejada en él. De hecho, durante gran parte de mi vida, me consideré una persona poco agresiva y fácil de tratar (ego identificado con una determinada forma).

Ahora bien, como dice una de las leyes del espejo: "todo lo que me irrita, enoja o quiero cambiar del otro, está dentro de mí".

Hilo conductor con mi infancia

¿Qué me estaba espejando con sus exabruptos de enojo e ira?

La ira que él manifestaba hablaba de mi propia ira retenida. ¿Cómo puede ser posible? Reflejaba una ira que nunca había podido exteriorizar por mi historia de vida y que había quedado retenida sin poder mostrarse.

Una ira que tenía reprimida con mi sistema familiar, particularmente con la figura de mi madre. Ella había estado gran parte de su vida dedicada al trabajo, descuidando, desde mi percepción de la realidad, la necesidad de contención, cariño y cobijo que yo de niña necesitaba. A lo largo de mi adolescencia, cuando mi madre se acercaba a mí para utilizarme de psicóloga, hablarme de mi padre y hacer de nuestro vínculo una gran amistad, yo me olvidé por completo de esa ausencia que había vivido, por el mecanismo de defensa que hace la mente para pasar por alto una situación dolorosa y/o de alto impacto emocional vivida en la infancia.

Esa experiencia reprimida (sentimiento de abandono) y esa emoción retenida (enojo e ira) sin salir, acabaron por proyectarse en el vínculo con mi ex pareja. Todo aquello que queda reprimido e inconsciente con nuestro sistema familiar, acabará por mostrarse en nuestra vida adulta a través de nuestros vínculos, para hacerlo consciente y sanarlo.

Mi madre nunca supo cómo exteriorizar sus necesidades. Mi padre tampoco, aunque, en la polaridad opuesta, terminaba gritando y exteriorizando sus necesidades con exabruptos. Ambas figuras de referencia que tenía en mi infancia compartían la misma herida, simplemente que cada una portaba una máscara diferente.

Mi madre nunca supo pedir ni mucho menos escuchar lo que necesitaba y eso la llevó, lentamente, a ir sembrando una ira incalculable contra mi padre. ¿Era realmente con él la ira? ¿O era con ella por no saber expresarse e, incluso, venía arrastrándola por toda la experiencia que había vivido en su infancia con sus propias raíces? Solemos llevar de manera totalmente inconsciente los conflictos que tenemos sin resolver con nuestras raíces a la pareja. Todo acaba por mostrarse allí para hacerlo consciente. Quiero que tomemos conciencia de cómo la información se va extrapolando de generación en generación, hasta que alguien despierta y elige cortar los lazos del vínculo tóxico. Te invito a poner en pausa la lectura y, ayudándote de una respiración consciente, internalizar la información recién compartida.

¿Te acordás de cuando te decía que la identificación que hacemos con alguien de nuestro sistema familiar genera que creemos en nosotros la misma sombra que porta esa persona?

Mi madre tuvo una gran herida de abandono: un padre que no conoció hasta su vida adulta y una madre que *no la elegía*. Esta herida la llevó a no poder exteriorizar sus necesidades con mi padre, por miedo a repetir el abandono que había vivenciado en su infancia, y a enviar este aspecto de su personalidad a su sombra.

Mi identificación con ella me condujo a comportarme de la misma manera con mi ex pareja, a crear la mismísima sombra de mi madre: no permitirme exteriorizar mis propias necesidades. Y, si las exteriorizaba, me encontraba con una persona que no estaba abierta a recibirlas. Mismo patrón vincular que había vivido en mi infancia de acuerdo a las figuras de referencia que había tenido.

¿Por qué me enfrentaba en mi vida adulta a una persona con la cual no podía mantener un diálogo fluido y genuino? ¿Por qué mis necesidades no eran escuchadas?

Recordando que lo que sucede en nuestro mundo externo tiene que ver con nuestra historia, en aquel entonces, mi capacidad de diálogo genuino con mi sistema familiar era totalmente nulo. Por supuesto que esta incapacidad de diálogo con mi familia venía arrastrándose desde mi infancia. Fui una niña que, muy a pesar de su corta edad, se las arreglaba sola para defenderse del mundo y avanzar, sin embargo, nunca había sentido ese espacio de contención en el que pudiera expresar mis necesidades con libertad y que, al mismo tiempo, estas necesidades fueran escuchadas.

¿Cómo iba a pretender que mi pareja me escuchara? Él era el mismísimo encargado de despertarme aquella herida de mi infancia que aún permanecía inconsciente, para que yo pudiera resignificar lo vivido. Sin embargo, cuando no hay presencia ni conciencia suficiente para responsabilizarnos de aquello que sucede externamente, la inconsciencia comienza a gobernar cada vez más nuestras interacciones.

Así fue como, lentamente, fui anulándome como persona y como mujer. La misma anulación que me condujo a tener mi primer ataque de ira conmigo misma en el año 2020 mientras convivía con él en pandemia. ¿Ahora comprendés mejor cómo lo que mi ex pareja me mostraba, en cuanto al ataque de ira que había tenido en su momento, tenía que ver conmigo? Era tal la disociación que tenía con mi persona, era tal lo perdida que me sentía y era tal la información reprimida que estaba queriendo ser vista y no podía ver que, un día, en una discusión, comencé a pegarme muy fuerte a mí misma en la cabeza. Recordemos que la sombra, al formar parte del contenido inconsciente y reprimido, encuentra la forma de presentarse en nuestra vida de forma descontrolada, en forma de impulsos y reacciones propias o proyecciones. No entendía de dónde había salido tal enojo.

Seguro que, en ese entonces, toda la bronca era directamente con Tobías. Sin embargo, el conflicto primario era con la figura de mi madre que, como lo tenía sin resolver, lo exterioricé inconscientemente en mi vínculo de pareja.

Cuando el cuerpo comienza a hablar

Cuando nos pasamos gran parte de nuestra experiencia sin viajar hacia adentro, sin cuestionarnos nuestro accionar, sin replantearnos nuestra existencia, en algún punto estamos cerrados a ver aquello que el universo nos está queriendo mostrar. Por lo que, cuando la experiencia no es suficiente para hacer consciente aquello que es momento de ser visto y el ego está tan encapsulado en su discurso de seguir siendo quien creyó ser, *el cuerpo comienza a hablar*.

Estábamos conviviendo en pandemia y el permanente

malestar y las eternas discusiones eran moneda corriente. Mi sensación era la de ya no sentir contacto, cercanía, caricias, amor de parte de él. ¿De dónde provenía esa sensación/percepción? ¿Acaso era yo misma quien estaba creando, a nivel inconsciente, esa realidad? A nivel físico, sentía dificultad para respirar, hasta el extremo de tener que tomar aire por la boca porque sentía como si me fuera a quedar sin aire. El dolor de espalda era insoportable, tenía el estómago cerrado y cero apetito. Sentía presión en el pecho e incluso, por momentos, mucho dolor, como si me lo estuvieran oprimiendo con algo. Sumándole a la ecuación un tiritar constante de nerviosismo interno que ya había normalizado como algo natural. Pesaba 45 kilos. Estaba, sin saberlo y sin diagnóstico mediante, atravesando una **anorexia nerviosa**.

Podría escribir cien ejemplos más de respuestas psicosomáticas que nuestro cuerpo comienza a crear para dar respuesta a aquello que nos duele a nivel emocional y no hemos podido exteriorizar a través de la comunicación. Todas estas respuestas adaptativas que nuestro cuerpo materializa están asociadas y 100 % vinculadas a partes emocionales, habitualmente de la infancia, que defienden nuestro sistema del dolor, de lo no hablado, de lo traumático, del secreto. Es como una armadura que nuestro cuerpo ha desarrollado durante muchos años, una herramienta para hacerle frente a situaciones que, de otra manera, hubieran sido muy dolorosas de aceptar. Durante gran parte de mi preadolescencia (9, 10, 11 años) fui muy flaquita y me daba muchísima vergüenza ponerme una musculosa, por lo flaquitos que tenía mis brazos.

Mi cuerpo, en aquel entonces, también intentaba exteriorizar a través de mi flacura la falta de *alimento emocional* que vivía a lo largo de mi infancia (aunque muchos decían que era "la contextura física"). Era como si mi cuerpo estuviera necesitando *desaparecer*, ocupar el menor espacio posible para no ser un problema más en casa: ya eran suficientes discusiones entre mi padre y mi hermano. Por supuesto que yo tenía que ser un problema menos, para equilibrar el sistema familiar.

Mi cuerpo volvió a reflejar una sintomatología similar, por no decir igual, a la experiencia vivida en mi infancia, a través de un vínculo de pareja que en la vida adulta me reflejaba el mismísimo conflicto que había vivido de chiquita: la falta de alimento emocional por parte de mi madre; en la misma polaridad, ya que estaba viviendo lo mismo con Tobías, y la falta de límites de mi propio padre; en la polaridad contraria, ya que había ido a buscar en mi ex pareja aquello que no había tenido de él. De hecho, necesitaba de esa estructura para sentirme más encarrilada en la vida.

Siguiendo con el hilo de lo que vengo compartiendo, expondré un ejemplo para que comencemos a darle mayor consciencia a las respuestas adaptativas que tiene nuestro cuerpo frente a determinadas situaciones que despiertan un cierto nivel de estrés en nosotros. Una persona que ha sufrido una situación de abuso en la infancia decide no contarla, porque es traumático para ella y, posiblemente, porque no tenga una fuente de apoyo social/familiar que le brinde un espacio de seguridad. Esa situación se queda anclada en su cuerpo, como respuestas somáticas centradas en un dolor muy fuerte, focalizado en la parte del estómago, por ejemplo. Cada cierto tiempo, ante situaciones que le generan cierto nivel de tensión y/o malestar, vuelven a aparecer estas respuestas somáticas. Este mecanismo de defensa no desaparecerá hasta que la persona suelte, exprese y sea consciente de aquello que en el pasado le hizo daño.

Me detengo en este punto para que no lo pases por

alto: hasta que la persona **suelte, exprese y sea consciente** de aquello que en el pasado le hizo daño.

La pregunta del millón es: ¿Qué podemos hacer cuando esto sucede?

Lo primero y más importante que considero hacer en este tipo de procesos en donde el foco está puesto en ampliar nuestra conciencia, es no asustarnos por los síntomas. Ellos simplemente aparecen para avisarnos de que hay algo que está queriendo ser visto (nos preocupa, nos genera tensión, nos entristece, nos despierta un cierto nivel de estrés) y que, frente a la resistencia de nuestro ego, nos avisan que algo no hemos resuelto en nuestra vida. Me parece interesante que comencemos a reconocer a nuestro cuerpo como una gran fuente de sabiduría ancestral. A mayor capacidad tengamos de auto observarnos mientras nos estamos desenvolviendo en nuestra experiencia, mayor conciencia podremos tener de las alarmas que nos envía.

Te compartiré, para continuar llevando conciencia a este transitar, un paso a paso que te ayudará a identificar en qué situaciones de tu vida alguna sensación física se manifiesta en tu cuerpo, para indicar alguna información inconsciente a ser vista:

1. Poné en pausa el ritmo de tus pensamientos durante unos segundos y sentí dónde es que, en determinadas situaciones, sentís cierta sintomatología, sensación, dolor y/o presión en tu cuerpo físico. Suele ser en la zona media del cuerpo (de garganta a caderas).

2. Analizá y tratá de detectar en qué situaciones te sucede. (Ejemplo: cuando estoy con mi pareja, cuando alguien me está evaluando en un examen, cuando voy a ver a una persona determinada, cuan-

do estoy en el trabajo con mi jefe, etc.).

3. Ahora, te invito a observar qué es aquello que sucedió externamente que posiblemente haya activado esa sensación en vos. A lo mejor es una frase, una palabra, un gesto que hace determinada persona, el tono de voz que utiliza una persona para conversar con vos, etc.

4. Cuando tomes consciencia de qué es aquello que activa tu sensación, quiero que simplemente observes y abras adentro tuyo un espacio de cuestionamiento: ¿A dónde me lleva esto que observo externamente y que activa esta sensación en mí? ¿A qué situación de mi infancia me retrotrae esto que experimento en mi vida adulta y me genera tensión/angustia/malestar? ¿Me lleva a una situación concreta? ¿Me recuerda a una persona? ¿Qué otras situaciones con esta misma información he vivido a lo largo de mi vida?

5. Simplemente, permití que las respuestas aparezcan solas, sin tanta mente mediante. Y, si no aparecen YA, dejá que la energía de abrir espacio al auto cuestionamiento vaya dirigiéndote hacia las respuestas que hoy estés dispuesto/a a escuchar.

Se trata de poner la conciencia sobre nuestro vehículo físico, que nos está acompañando a lo largo de esta experiencia física, y permitirnos no tapar lo que sentimos haciendo uso de la palabra. De esta manera, el circuito de *carga-descarga–relajación* se cumple y nuestro cuerpo no necesita exteriorizar lo reprimido mediante la enfermedad, ya que las emociones encuentran su curso de salida.

¿Mi felicidad te asusta?

Recuerdo el final del vínculo como una de las etapas más tristes de toda mi vida. No exagero cuando digo que mi vida estaba muy oscura y no tenía motivos para seguir viviendo. La fuerza que estaba tomando mi sombra sobre mi persona era abismal. Estaba totalmente reactiva y violenta. Ya no me reconocía ni siquiera en la forma en la que estaba eligiendo moverme en la vida. Cuanto más me identificaba con todo aquello que creía ser, más fuerza tenía mi sombra. Y cuanta más fuerza tomaba mi sombra, mayor era la proyección que hacía sobre Tobías.

Observémoslo como un proceso que se retroalimenta: en la misma proporción en la que te reafirmás en quien creés ser, en la que tu personalidad crece y se hace más fuerte, tu sombra también crece y se hace más fuerte.

Estaba totalmente oscurecida y con muy poca luz. Si bien no llegué a tener pensamientos suicidas, la oscuridad ya estaba sesgando mi innata capacidad de sonreír y eso sí que era preocupante, especialmente para mi entorno familiar, que me veía transitar ese proceso y no podía ni sabía hacer mucho al respecto. Pasaba días enteros tirada en la cama, sin comprender en qué momento tanto sufrimiento se había apoderado de mí. Creo que ni hoy tengo la capacidad de dimensionar todo el dolor que sentí en aquel entonces. Mi mente sigue intentando aliviar la carga. Me pesaba mucho levantarme y existir. Recuerdo recibir llamados telefónicos de Tobías: toda su vida era color de rosas, todo caminaba, todo le funcionaba. ¿Y mi energía? seguía drenándose, escuchando los éxitos que se avecinaban en su vida. Y, si algún día encontraba fuerzas para seguir estudiando Bioneuroemoción® y decidía no prestarle atención a mi celular para enfocarme en algo mío, el llamado de la noche resultaba totalmente agobiante por el mal humor que a Tobías le generaba que no hubiera contestado sus mensajes durante todo el día.

¿Mi felicidad lo ponía así? ¿Tener un espacio personal lo ponía distante? Fue uno de los primeros cuestionamientos que comenzaron a abrirse paso en el año 2020, mientras estudiaba Bioneuroemoción® con Enric Corbera y aún permanecía en el vínculo.

En palabras sencillas: a la personalidad narcisista, por mucho que lo intente, le cuesta verte feliz yendo por tus sueños. ¿Esto quiere decir que la culpa es del narcisista? Para nada. De hecho, a través de este libro intento concientizarte de que la única persona que atrae una personalidad así (por el tipo de información que tiene internamente), sos vos. Esto no quiere decir que la culpa pase a ser tuya.

Esta historia no trata de encontrar culpables, sino de hacer consciente todo lo que te llevó a soportar un vínculo así, para que, de esta manera y con esta nueva forma de percibir lo que viviste, puedas recordar toda tu experiencia desde una perspectiva más elevada, que te permita reconocer tu propia creación y puedas concientizar tu inconsciencia.

La pregunta que quiero hacer ahora es: ¿Cómo va a querer verte feliz si la persona narcisista no puede ser feliz consigo misma? Por más que lo aparente, por más que te muestre que tiene la vida ya solucionada, todo, absolutamente todo lo que te muestra es una simple pantalla para no ser sincera con la tristeza que lleva dentro. En definitiva, toda la tristeza que porta tu persona, y que tu exceso de empatía y sensibilidad impide ocultar, la tiene, en la misma proporción (o más), el narcisista, totalmente reprimida y sin exteriorizar.

Quizá pienses "pero mi ex pareja me llenaba de consejos y de lindos discursos para que pudiera avanzar en la vida y ser feliz". Sí. Eso sucede y es una máscara más que adopta: asesorarte en cómo hacer las cosas que deseás hacer. Sin embargo, todo lo que te brinda son consejos y nada más que consejos, ya que sabe, en el fondo, que tu capacidad de acción es totalmente nula, que estás totalmente disociado de tu persona y sesgado por su avasallante personalidad.

Además, frente a cualquier movimiento que pueda gestionar para tu futuro, al ser quien lo motoriza, intentará, por todos los medios, sacar a relucir que aquello que lograste fue gracias a ella. Una eterna historia de culpabilidad, en la que cargas con una historia más de no sentirte capaz de conseguir las cosas por tu propia cuenta.

En resumen, la personalidad narcisista y psicópata no conoce la felicidad y el amor en esencia, sino en apariencia. Esto habla también de la historia de la persona con la cual se vincula. Nada en la vida está separado. Si tuviese que observar mi experiencia de vida, por mucho que quisiera creer que había tenido una infancia *feliz*, y salvando las distancias de que mi dolor no se asemejaba al dolor que Tobías tenía de su infancia, yo tampoco conocía, ni tenía en el mapa de mi realidad, la felicidad y el amor en esencia. Las almas resuenan justamente para trascender las heridas familiares y reconocer la esencia de cada uno al vincularse con el otro.

Capítulo 7: Para sanar de raíz hay que animarse a comprender

¿Existe un camino de retorno?

Llega un momento en el que se hace necesario desandar el camino. Comprender el motivo por el cual aceptaste vivir aquel vínculo. Como dice la frase, *sin prisa, pero sin pausa*. No intentes correr, todas las respuestas irán apareciendo en el aquí y ahora, a medida que te vayas abriendo a recibir la información.

Es importante que hagas consciente que hubo un momento de tu vida en el que elegiste poner el 100 % de tu atención en la persona de la cual te *enamoraste*. También decidiste que tus historias mentales pasaran a ser más importantes que tus emociones. Es normal que tengas esa sensación de no saber quién sos. De no tener idea de lo que querés. Entiendo cuando te cuesta reconocer si lo que pensás y/o sentís es tuyo o de la otra persona, si las telarañas mentales repletas de miedos son una construcción meramente tuya o se fueron construyendo a lo largo del vínculo, con discursos que fuiste creyendo y adoptándolos como propios. Es una de las consecuencias que se despiertan cuando, durante años, no supiste ni pudiste reconocer tus propios límites. Te terminaste desdibujando en la otra persona y eso hace que te sientas tan perdido/a.

El único camino de retorno que existe es viajar hacia adentro tuyo. Encontrarte con las heridas que te hicieron *ser quien sos*. Es momento de que comiences a preocuparte por vos. Quizá te resulte un camino desconocido, incómodo, difícil de enfrentar y transitar. Observarte será de los mejores regalos que podés hacerte. Después de tanto dolor, quiero que te animes a sentir el impulso interno de cuestionar las actitudes que tuviste a lo largo de tu vida. Es a partir de esas actitudes que podrás reconocer la máscara que adoptaste para relacionarte con el mundo. Es un gran cambio de paradigma al que intento invitarte.

Dejo de observar al otro como la causa de mis problemas, y comienzo a responsabilizarme de MI PERSONA.

¿Realmente querés seguir sosteniendo la historia de tu mente? ¿O ya estás listo/a para comenzar a desafiar esas historias internas que solo habitan en vos?

¿Qué pensamientos habitan dentro tuyo? ¿Cómo considerás que ha sido tu forma de interactuar? ¿Controladora? ¿Dependiente? ¿Rígida? ¿Qué otras máscaras se te ocurren? ¿Qué aristas de tu vida considerás tener bloqueadas? Quizá la económica, a lo mejor la sexual... ¿Y a nivel vincular? ¿cómo te sentís? Con tus amistades, familia, compañeros de trabajo. Estos y otros cuestionamientos son los que lentamente te harán regresar a aquel estado de plenitud que sentiste mientras estabas en tus meses de concepción. Aquel estado de calma, silencio y éxtasis de paz, en donde la unión era lo único que conocías.

Llega un momento en la vida en el que aprieta tanto

todo que se hace muy necesario dejar de darle identidad a aquella narrativa interna que vive en tu cabeza para darle espacio a que caiga el velo de tu percepción. Dejar de creer la historia de que el problema de tu sufrimiento es culpa de quien te lo generó.

Comenzar a responsabilizarte de tu experiencia de vida te despertará momentos de mucho dolor. Pero no tengas dudas de que el dolor nos hace mejores, nos permite aprender, crecer y avanzar. Dejar de girar en círculos. Tomar esta decisión implica que te empieces a encontrar con verdades amargas, incluso con historias que por muchos años intentaste mantener abajo de la alfombra. Si no estás bien, si no te sentís en equilibrio, procurá viajar hacia adentro. Ahí es donde encontrarás gran parte de las respuestas que no lográs encontrar afuera. Las respuestas a tu malestar no las encontrarás culpando al mundo externo de tu situación. Las respuestas las encontrarás en tu propia historia de vida, en cómo percibiste tus raíces, en cómo te sentiste cuando fuiste niño/a, en el rol que ocupaste en tu sistema familiar, en tus propias narrativas internas, en *comprender* que tanto tu madre como tu padre, más allá de las etiquetas, también son seres humanos que tuvieron su infancia dolorosa e hicieron lo mejor que pudieron desde la conciencia que tuvieron al momento de criarte. Se trata de *humanizar tu propio proceso*. No de humanizar a quien es o fue tu pareja.

Es momento de retornar la mirada hacia vos, dejar de observar ese cuerpo físico y efímero del cual te encandilaste y comenzar a observarTE. No te apresures a tomar decisiones si no estás listo/a. Hay un camino de retorno y el único camino que existe es viajar hacia adentro.

¿El proceso de perdón desde una conciencia dual o desde una conciencia de unidad?

Todo este movimiento de información que venimos haciendo es indispensable para tu proceso. Expondré a continuación dos conceptos que me resulta interesante traer a colación para que el proceso de *comprensión* lo puedas realmente atravesar desde una *conciencia íntegra*.

La **conciencia dual**: vivir la vida desde una conciencia dual nos conduce a una visión fragmentada del universo, en la que cada parte está separada de su opuesto: egoísta/empático, bueno/malo, día/noche, nacimiento/muerte. Bajo este paradigma, somos entes separados de un entorno al que tenemos que adaptarnos continuamente para sobrevivir. Esto quiere decir que, viviendo la vida desde esta conciencia, todo lo reprimido (sombra, inconsciente) lo proyectamos en nuestro mundo externo y esa información que es proyectada *nada tiene que ver con nosotros*.

La **conciencia de unidad**: vivir la vida desde la conciencia de unidad implica *comprender* que todo aquello que nos rodea tiene que ver con nosotros. Es disponernos en cuerpo y alma a abrazar las polaridades dentro nuestro, ya que una no puede existir sin la otra: luz/sombra, malo/bueno, lindo/feo, etc. La conciencia de unidad es la comprensión de la realidad sin demarcaciones y sin fronteras. Es el estado natural de la conciencia, sin la interceptación del ego, es decir, de nuestros pensamientos. No es algo que se encuentra afuera y hay que salir a buscar, es la esencia de la cual emanamos todos, solo que lo hemos olvidado.

Pregunta de auto indagación:

¿Cuál creés, de las dos consciencias, que es la que te llevará a una comprensión profunda de todo el dolor y sufrimiento que viviste? ¿Por qué crees eso?

____

____

____

____

____

Detrás de la carcasa se esconde una gran persona

Es una parte fundamental del proceso de volver a vos y reconocerte completo/a, que puedas alcanzar un nivel de conciencia de unidad con toda la información que proyectaste en tu pareja. Recordemos que todo aquello que permanece inconsciente en nuestra vida (el 95 %), todos aquellos aspectos de la personalidad que nuestro yo egoico no reconoce como propios, se proyectan en las personas con las cuales nos vinculamos, para que, a través de ellas, podamos reconocer en espejo aquello que debemos desarrollar y reconocer en nuestra persona. Este proceso implica que te encuentres con la historia que hizo que re-

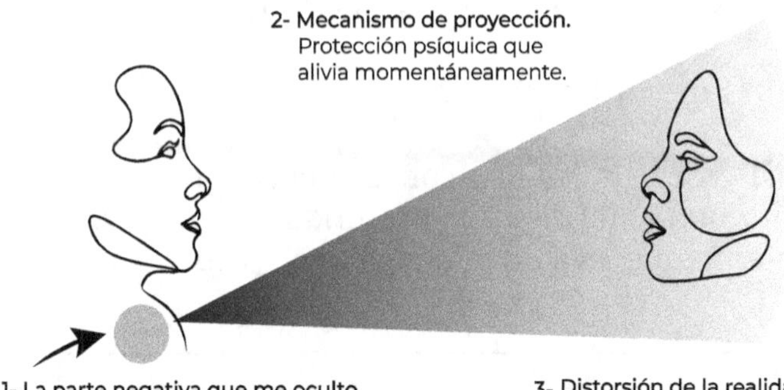

primas aquel aspecto tuyo.

Te facilito una ilustración para que puedas darle más claridad a lo recién expuesto.

¿A qué me refiero con alcanzar un nivel de conciencia de unidad? Hago referencia al poder observar todo lo que viviste, no desde una conciencia dual, es decir, desde el filtro de tus pensamientos y del ego que cree en la ilusión de la separación, sino desde una conciencia de unidad, comprendiendo con cuerpo, mente y alma que la persona con la cual elegiste vincularte hablaba de tu sombra, tu inconsciente, tus heridas y de lo que por tanto tiempo negaste de vos y de tu propia historia. A comprender, también, que todo aquello que tanto insistías que cambie y modifique en su persona, creyendo que en su cambio conductual vos ibas a ser *más feliz*, hablaba de aquello que quizás no te estabas permitiendo desempeñar en tu vida. Es momento de que lo veas.

Después de tanto viaje interno, comprendí que este tipo de personalidad resulta ser *la fotocopia de nuestro inconsciente*. Un exceso de todo aquello que no sanaste, que no te permitís o que, si te lo permitís, te juzgás por ello.

Por norma general, la persona narcisista tuvo una infancia terrible. Sus padres, mentores o figuras autoritarias lo destruyeron hasta dejarlo sin autoestima. Es exactamente lo mismo que le hicieron, lo que intenta hacer con vos: dejarte sin autoestima. No lo hace a propósito, lleva todo el dolor dentro de sí y no puede soportar semejante carga. ¿Puedencomprender la herida emocional que llevan consigo? No estoy justificando su accionar. Estoy intentando llevar luz y conciencia a que la máscara que porta de rigidez y de excesivo control es debido a la protección que hace de esta herida, gestada en la infancia que vivió.

La falta de empatía del individuo narcisista hacia las necesidades y emociones de otras personas es una consecuencia natural de no haber recibido empatía por su cuidador principal durante su desarrollo como infante. Cuanto más exacerbados son los rasgos narcisistas en una persona, mayor es la fragilidad que esconde detrás, donde el ego amplificado no es más que una defensa contra sentimientos exactamente opuestos. Detrás de toda esa carcasa que muestra, se esconde una personalidad vulnerable y muy cariñosa. Lo expongo desde la experiencia, de haber vivido a Tobías en esa faceta. Realmente era una persona adorable, más allá de todo el dolor que me reflejaba, partiendo de mi propia inconsciencia.

Es muy probable, entonces, que una profunda inseguridad y una baja autoestima en su infancia, haya provocado que esta persona construya un sentimiento de superioridad como *mecanismo de defensa*, y que se ubique en ese lugar de gran omnipotencia, de saberlo todo y de estar por encima de los mortales para evitar experimentar su verdadera fragilidad y desvalorización. Frente a este escenario, tiene totalmente reprimida y rechazada su fragilidad y desvalorización. Y, como ya sabemos, toda aquella información reprimida acaba por proyectarse en personas con las cuales nos vinculamos. Entonces, al no poder soportar esta información dentro de sí, aparece su extrema necesidad por desvalorizar por completo a la persona con la cual comparte la vida. Es un cambio de percepción que te estoy invitando a que vivas.

¿Lo hace a propósito? Por supuesto que no, ese comportamiento es totalmente inconsciente, desde aquella información que no se anima a enfrentar por sí sola. Por esto mismo sostengo que es tan importante, en nuestro proceso evolutivo como individuos, ponernos de frente con nuestros propios fantasmas. De esta manera lograremos materializar vínculos más sanos, en donde las partes se vinculen desde la plena conciencia de que aquello que sienten al vincularse con el otro, lo deben trabajar consigo mismas. El vínculo sano que se construye con un otro es, en definitiva, el vínculo sano que elegís tener con vos mismo/a.

PerdonarTE es parte del camino de sanación

Es muy necesario que transites el hermoso y movilizante viaje de ver con ojos de agradecimiento todo lo que viviste. Agradecer la experiencia es comprender desde un nivel mucho más profundo que absolutamente todo hablaba de vos, de tu propia historia, de la información que te resultaba familiar. Que nada estuvo separado, sino que todo, absolutamente TODO, estuvo unido en el profundo intento de que iluminases tu propia oscuridad, es decir, tu propia inconsciencia.

No te imaginás la bronca que tenía conmigo después de haber soportado tanto destrato. Con mi delgado cuerpito de 45 kg, mis piernas y brazos totalmente frágiles y las facciones de mi rostro declarando mi profunda tristeza, me llenaba de motivos para estar disconforme con mi propia figura externa. La vida misma me estaba enseñando que lo externo en ese momento no era prioridad. ¿Te acordás de cuando te mencioné que, en mi época de modelaje, donde todo pasaba a través de mi imagen, tenía una voz interna que me susurraba: "hay algo más allá que la imagen externa"? De alguna manera, estaba llegando el momento de mi vida en el que se ponía de manifiesto que ya era tiempo de comenzar a darle prioridad a mi mundo interno. Era como si la vida me estuviese diciendo: "la percepción que tenés de toda tu realidad externa se transformará cuando indagues y profundices en tu mundo interno". Y así fue.

Auto cuestionamientos del estilo "¿Cómo soporté todo esto?" suelen ser muy normales después de haber atravesado un vínculo con una personalidad psicópata/narcisista. Más allá de todo discurso limitante, que no te llevará a ningún otro lado más que a atarte a un pasado que ya no está, practicar el perdón con vos mismo/a es una herramienta fundamental para que puedas, a través del perdón, aceptar todo lo que viviste. Y, con el aprendizaje hecho, *transformarte como persona.*

La transformación llegará a tu vida cuando realmente te animes a modificar la percepción que tenés de tu propia realidad. Mientras no te abras al proceso de cuestionar aquello que ves, tu vida seguirá siendo siempre la misma. Cuando hablo de la palabra perdón, me refiero exclusivamente a un proceso de *comprensión*, en el que te predisponés a observar lo que está más allá de tu propia lente para abrirte a nuevas rutas que antes no tenías capacidad de ver. Para abrirte a nuevas rutas es importante que te declares de aquí en adelante como un/a *eterno/a aprendiz*. Es muy normal, en el proceso de sanación, caer en la trampa de decir "ya sé" a absolutamente todo. El ego SABE, entiende. Sin embargo, el ego no siente. Y, en este proceso de volver a vos, el *sentir* será tu mejor aliado.

Te presento un recurso de sanación para poner en práctica y comenzar a movilizar la energía de la comprensión y el perdón hacia vos. Su nombre es **Ho´oponopono** y las frases de sanación que la integran son: "Lo Siento", "Perdón", "Gracias", "Te Amo". Es una técnica hawaiana que me ha resultado muy sanadora en mi proceso de transformación y que sostiene que cada uno es creador de su propia realidad externa, como un espejo y/o reflejo de su realidad interna. Bastante en sincronía a todo lo que venimos compartiendo en este viaje...

En mi experiencia, me ha ayudado a liberar cargas y desbloquear contenidos emocionales que tenía dentro de mí, producto de situaciones que había creado en mi realidad de manera totalmente inconsciente. Por ejemplo, tenía una creencia muy arraigada de mis ancestros en cuanto a sentirme incapaz para hacerme valer por mí misma, y fue una memoria que pude liberar y desbloquear gracias a esta práctica.

No existen limitaciones que condicionen a una persona para experimentar el Ho'oponopono. Es un arte libre, del que cualquiera puede participar, siempre y cuando esté realmente dispuesto a tomar la responsabilidad de los hechos que suceden en su vida. El Ho'oponopono es

uno de los métodos de auto curación más efectivos que existe. Depende 100 % de vos y de la periodicidad con la que elijas practicarlo en tu vida.

Te comparto esta técnica con frases que se me presentaron un día mientras meditaba en un hermoso árbol de un hostel de Bariloche. Y te animo, también, a que realices esta práctica de *mindfulness* y visualización guiada en un espacio tranquilo de tu casa.

"Lo siento por exigirte hacer cosas que no quisiste".
"Perdón por obligarte a ser alguien que no sos".
"Gracias por ser como sos"
"Te amo por lo que sos".

Sentite libre de practicarlo con vos mismo/a o, también, visualizando a tu ex pareja, repitiendo estas poderosas frases. De todas formas, como evidencia el concepto de conciencia de unidad, PERDONARTE es también PERDONAR a tu ex pareja.

Capítulo 8: El gran despertar

Tomar distancia de la historia mental

Me gustaría, antes de seguir avanzando, poner en palabras qué significa tomar distancia de la historia mental que sostenías o que seguís sosteniendo para quedarte donde estás.

En primer lugar, resulta muy importante que te animes a desarrollar tu capacidad innata de *auto observación*. Ya está con vos, simplemente es necesario que poses tu conciencia ahí, que lleves toda tu atención al simple y mero acto de mirarte. Podés practicarlo ahora mismo, no debés leer ningún instructivo para saber hacerlo.

» **Auto observate leyendo este libro, ¿te ves? ¿Cómo te estás sintiendo en este momento?**

____

____

____

____

____

____

» **¿Qué pensamientos estás teniendo?**

¿Viste que no es tan difícil como creés?

Sin auto observación no existe capacidad para ampliar nuestra percepción de la realidad. Sin auto observación no existe presencia y, sin presencia, la inconsciencia asume el poder sobre nuestras vidas. Cuando no estamos totalmente presentes, resulta muy difícil tomar distancia de la situación que nos genera tanto dolor, el dolor cobra vida y se adueña de todo nuestro sistema. Y, cuando ese dolor no quiere ser trascendido y nos pasamos años y años creyéndonos la triste historia de que eso es vivir, nuestro cuerpo comienza a identificarse con aquel estado emocional, creyendo ser esa tristeza, e impidiéndonos vivir una experiencia de vida con dicha y felicidad. Muchas veces, cuando estamos tan involucrados en cuerpo, mente y alma con lo que vivimos, cuesta mucho ver lo que sucede con claridad. Porque la claridad no se encuentra en la mente, sino en el SENTIR. Recordemos que la mente es dual y, justamente, la ilusión de la dualidad como extremos irreconciliables es la que nos hace dudar y estar entre dos posibles opciones sin capacidad alguna de elección: irnos o no irnos, tomar distancia o no tomar distancia, soltar el vínculo o no soltarlo. Más aún cuando se trata de tomar distancia de una persona con la cual compartimos momentos y, sobre todo, sentimientos profundos.

Cuando abrimos espacio al sentir y nos movemos desde esa vibración, las dudas desaparecen y la confianza emerge. Es ahí donde encontramos nuestra brújula más preciada. Procurá regalarte la oportunidad de observar tus pensamientos, *sin emitir ningún juicio al respecto*. Observá el vaivén de historias que están ahí, *sin identificarte*. Sin darles conversación. Es una práctica que todos y todas tenemos la capacidad de hacer. ¿Cuántas veces estamos dialogando con pensamientos y no somos ni conscientes de ello? ¿Cuántas veces hemos alimentado miedos que fueron creaciones de nuestra propia mente egoica con el único objetivo de inmovilizarnos y dejarnos en la comodidad de lo conocido? Cuanto más nos predispongamos a observar el contenido de nuestra mente, que opera segundo a segundo dentro de cada uno/a, sin darle identidad ni mucho menos conversación, *más libres podremos sentirnos*.

El gran desafío es, justamente, alcanzar un estado de conciencia en el que la disociación con esta narrativa interna sea parte de nuestra rutina diaria. De esta manera, no involucramos a la mente en el proceso y, en ese mismo estado de observación, podremos ingresar al espacio de claridad que habita más allá de nuestra mente.

Te propongo una pequeña práctica, que tendrá, exactamente, una duración de un minuto y cuarenta y siete segundos. Poné el tema musical del código QR que visualizás en esta página; es un instrumental de Joanna Vicente y se llama *Home*. Lo elegí particularmente porque este ejercicio lo denominaré **Reconociendo tu propio *hogar* interno**.

Con este instrumental de fondo, probá lo siguiente:

Llevá toda tu conciencia al simple y mero acto de respirar: inhalá y exhalá. Ahora, intentá percibir si podés estar, al mismo tiempo, prestándole atención al ruido de tus pensamientos. Si llegás a poder, tu conciencia aún no está del todo enfocada en el acto de respirar.

Utilizá este ejercicio para probar si lográs alcanzar el estado de quietud y de *no pensamiento*, utilizando el gran recurso de la respiración.

Abrirte a la rendición y poner en luz aquello que estás proyectando

Para reconocer nuestras mayores fortalezas y ponernos de frente con la verdadera maestría que subyace a cada situación que experimentamos, debemos enfrentar los miedos que nos impiden sacar a relucir nuestras sombras más reprimidas.

Recuerdo ver en Tobías una inmensa soltura para tomar decisiones. Por supuesto que esa capacidad de decisión era un aspecto que yo no me permitía, por lo anulada que estaba en el vínculo. Por eso, me resultaba más fácil proyectarlo que hacerme cargo de que, para moverme de donde estaba, debía tomar decisiones que rompieran con la armonía que intentaba, constantemente, tener con él.

La mente, en este tipo de situaciones, intenta a toda costa calmar tu necesidad de movimiento, llevándote hacia aquella zona de comodidad donde por tantos años funcionaste. Sin embargo, es justo ahí donde inicia tu gran camino de rendición: rendirte ante la vida y rendirte a esos programas. Rendirte a la fuerza de tus pensamientos que te impiden ver con claridad lo que deseás para tu camino. Es, literalmente, un cambio de dirección en tu forma de auto percibirte y, por consiguiente, de percibir el mundo que te rodea: permitirte fluir con el vaivén de sincronías que la vida te tiene preparadas.

Lo único que haces dándole vueltas a tus pensamientos y programas es obstaculizar el ritmo natural de la vida. Cuando te rendís y te dejás atravesar por la emoción, es cuando abrís espacio a una gratificante sensación de alivio y liberación. Y es ahí donde podés encontrar aquella voz que te susurra, intuitivamente, el siguiente paso, que te llevará a una versión más fortalecida de vos mismo/a.

Hay que aprender a utilizar la expresión de la emoción como medio para apaciguar y calmar el programa que intenta inmovilizarte. Dejar a un lado la traición de no escucharte, para darle luz a tus propias incoherencias. Poner en orden el espacio interno para cuando sea el momento de expansión, amigándote con tu propia fortaleza, para barrer cada limitación que te impida materializar lo que tanto anhelás. No puede existir la expansión sin una previa contracción de tu todo tu sistema. No te resistas, es parte del camino.

Llegan momentos en los que es necesario dejar de sostener esa identidad que, durante tantos años, nos funcionó como mecanismo de protección. Aprender a maternar cada paso que vamos dando, para darle movimiento a nuestra propia verdad. Es un cambio de percepción que nos acerca a una mayor capacidad para observar, con ojos de amor y compasión, cada experiencia que nos pone de frente la vida misma.

Sentía, en lo profundo de mi Ser, que llegaba el momento de dar espacio a esa nueva forma que intentaba con todas sus fuerzas salir a la luz de mi conciencia. Lo sentía como si una ola estuviese a punto de romper delante de mis ojos, como si un castillo de ladrillos estuviese desplomándose frente a mí. Algo internamente me decía que ya estaba lista para tomar decisiones. Y que las decisiones que tomara, marcarían un antes y un después en mi vida.

El movimiento previo al *despertar*

La gran resistencia al cambio que tenemos durante este tipo de vínculos es un mecanismo de defensa promovido a través del MIEDO: el miedo a rendirse, el miedo a la soledad, el miedo a caer, el miedo a encontrarse con uno mismo.

Un día, percibí mi sistema al borde del colapso.

Cuando nos enfrentamos en la vida a este tipo de momentos tan bisagras, nuestro cuerpo y todo nuestro sistema entran en un estado de completa contracción y malestar. Frente a este tipo de situaciones se nos presentan dos caminos: *resistirnos y contraer* aún más aquello que no queremos aceptar o, *relajarnos,* dejarnos llevar por la experiencia *y respirar*.

Si nos relajamos ante la tensión, podemos reconocerla y aceptar que está ahí; entramos en plena conciencia de que nada podemos hacer más que aquietar nuestra mente, observarla y esperar a que baje su potencia. Este, particularmente, es un momento de excesiva incertidumbre. La mente no alcanza a comprender qué es lo que está sucediendo, sin embargo, algo muy profundo dentro nuestro comienza a moverse. Nunca nadie ha llegado a la cima de la montaña sin haber vivido el arduo proceso de escalada. Podemos utilizar nuestra voluntad como medio para ir más allá, mientras transitamos la incomodidad de no saber qué sucederá.

Ya había pasado mucho tiempo esperando a que las cosas fueran de otra manera, esperando a que él volviese a ser como la persona que se había mostrado en un principio del vínculo: encantador, presente, atento, compañero, entre muchas otras cosas más. Esperando... y viviendo de la ilusión de que algún día cambiaría, sin darme cuenta que quien primero tenía que realizar el cambio era yo. Y, cuando uno cambia, todo cambia. La percepción se amplía y tiene mayor capacidad para tomar decisiones, desde su infinita conciencia y presencia.

Me empecé a dar cuenta de que estaba totalmente atada a un pasado ilusorio y alejada de mi presente. Esto mismo generaba un estado de ansiedad que nunca antes en mi vida había experimentado a niveles tan elevados. El cansancio de luchar con lo externo se empezaba a hacer evidente y ya no me quedaban fuerzas para seguir soportando lo inaguantable. Un día, algo en mí cambió y el deseo de dejar de darle identidad al profundo miedo que me daba caer se puso de frente. Para ello, era totalmente consciente de que tenía que dejar de darle curso a esa historia que mi mente me contaba para permanecer ahí. Estaba inmovilizada, atada de pies y manos a una realidad que me generaba más escalofríos que momentos de placer. Fue un día de total revelación, en el que comencé a percibir que lo que estaba viviendo no era para nada saludable, ni para él, ni para mí, y que había normalizado en mi vida un vínculo de pareja en el que la discusión y los ataques de ira eran habituales. Me di cuenta de que lo que estaba viviendo no era sano; y esta nueva información era la que comenzaba a resonar. Sin embargo, el proceso de soltar me resultó lento y mi sistema me pedía que me moviera con mucha cautela.

En esta instancia del vínculo, tomé la decisión de empezar a permitirme el famoso movimiento y comencé a integrar en mí lo que él tanto se permitía: volví a andar en *rollers*, a reunirme con mis amigas y a disfrutar de cosas que hacía mucho tiempo había dejado atrás. Ese movimiento generó una gran inestabilidad y malestar en la vida de Tobías. Hacer cosas que me sacaban de aquel estado de extremo dolor implicaba que él se agarrase de cualquier insignificante tema para generar una discusión más, cada vez yo volvía de algún plan para pasar la noche juntos.

Un sábado, al volver del cumpleaños de una amiga, fui a su casa para pasar la noche con él. Recuerdo compartirle en la cocina que iba a agarrar un trabajo de *host* en un restaurante, hasta tanto me pudiese acomodar y encontrar otro trabajo. A esta altura, y al estar moviendo mucha información en el Postgrado de Bioneuroemoción®, ya no le preguntaba qué le parecía (posicionándolo como mi padre). Era una decisión que había tomado y se la estaba comunicando. Una discusión más se puso frente a mí, por haberle guardado las cosas y no habérselas dicho con anticipación. Ante esta pérdida de control que Tobías comenzaba a tener sobre mi vida, su inseguridad se ponía más y más en evidencia. Lentamente, mi percepción se iba ampliando con el movimiento que, con muchas fuerzas, intentaba hacer en mi vida.

La distancia emocional para observar con perspectiva

Entre las muchas idas y vueltas, algo muy común en tipos de vínculos así, decidimos tomarnos un tiempo distanciados, para que yo pudiera pensar y repensar mis propias actitudes para con el vínculo, ya que se suponía que todas las discusiones eran por una falla que habitaba en mi persona. Recuerdo esos días de distanciamiento como si cada día tuviese un centenar de horas. Me resultaba eterno el hecho de estar en casa buscando en mí qué era lo que yo debía cambiar para que el vínculo funcionara. Ese era el discurso que Tobías me había hecho creer. O, mejor dicho, el discurso que yo también había elegido creer.

Mientras tanto, él continuaba viéndose con todos sus amigos y seguía su vida como si no estuviese involucrado en todo lo que estábamos viviendo como pareja. Su gran capacidad para continuar con su vida con total normalidad era algo que me hacía muchísimo ruido. Recordemos que, como mencioné anteriormente, este tipo de personalidades, cuando se liberan de todo lo que necesitan decir siguen con su vida como si nada, dejándote totalmente abatido/a por toda la violencia psicológica recibida.

En estos lapsos en los que no nos veíamos, no pasaban muchos días hasta que yo saliera corriendo a su casa suplicándole que me perdonara, que ya había cambiado mi forma de ser, que había entendido todo y que no iba a volver a pasar. Recuerdo respuestas que involucraban un gran esfuerzo por parte de él, *darme otra oportunidad*. Mi sistema no aguantaba más. La culpa me comía el cuerpo completo. La dependencia emocional que tenía con él en ese momento se incrementó a niveles altísimos y, cada día que pasaba, más lejos lo sentía.

¿Te acordás de cuando te compartí que estamos sumergidos en un mundo dual, en el que para todo hay una doble forma de percibir las cosas? Siguiendo el mismo hilo, esta dualidad, esta doble vía para percibir la experiencia hace que las polaridades se atraigan para complementarse (a la personalidad narcisista le atraen las personas empáticas y viceversa) y lo mismo sucede a nivel actitudinal. Entonces, poniendo de ejemplo lo que

Territorio personal de la personalidad empática al relacionarse con una personalidad narcisista.

Territorio personal de la personalidad narcisista al relacionarse con una personalidad empática.

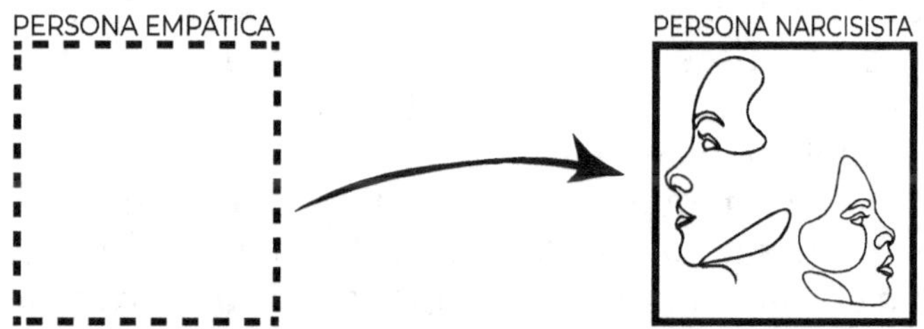

La personalidad empática abandona su territorio personal poco delimitado para acercarse a la personalidad narcisista.

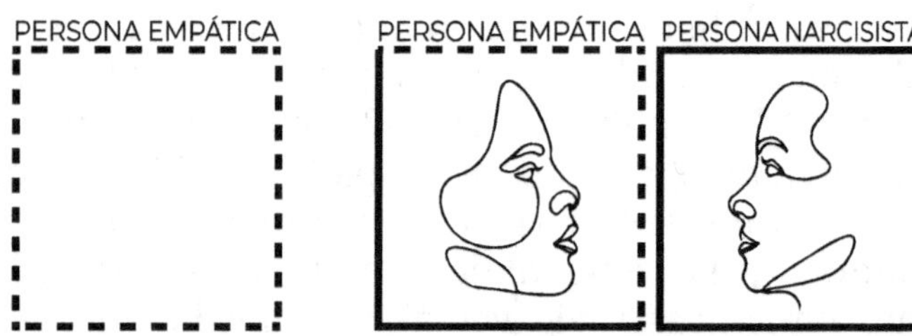

La personalidad empática, así como se abandona y se aleja de sí misma, queda en un lugar que no le es propio. La personalidad narcisista le refleja ese mismo comportamiento, alejándose y tomando distancia. Es un círculo vicioso.

vengo compartiendo, cuanto más asfixia uno un vínculo, más distancia toma la otra persona. De hecho, cuando te encontrás en la polaridad excesiva de asfixiar un vínculo, estás totalmente distanciado/a y disociado/a de TU persona y queriendo, a toda costa, que la otra persona no se aleje. Paradójicamente, lo que estás haciendo en ese proceso es distanciarte de vos, por consecuencia, la otra persona te refleja lo que estás haciendo con vos mismo/a. El excesivo miedo a perder a alguien nos desconecta completamente del movimiento natural de la vida.

En otro de los tantos distanciamientos que tuvimos, estando en casa de mis padres, todas las condiciones se dieron para que permaneciera distanciada emocionalmente de Tobías durante un tiempo prolongado. Antes de que se volviese a dar la situación de "Juli corriendo a la casa de Tobías suplicando su perdón", a mi madre le agarra Covid, por lo que termina dándose la inesperada ocasión de tener que quedarme en casa por contacto estrecho más días de los que pensaba. La distancia emocional me permitía darle perspectiva a todo lo que estaba viviendo, aunque mi insistencia por querer salvar las cosas no se corría ni un poco del camino.

Cuando me enteré de que a Tobías también le había dado Covid, para que pasara los días de encierro acompañado de algo rico, decidí enviarle un ramo de bombones a su casa. He aquí la gota que rebalsó el vaso. Durante el mismo llamado que me había hecho para agradecer el regalo, le dije: "me encantaría compartir con vos lo que estoy aprendiendo en el Postgrado en Bioneuroemoción®, es súper interesante y nos va a ayudar a que podamos ver todo lo que nos está pasando desde un ángulo diferente" (palabras más, palabras menos, el mensaje que intenté transmitirle fue ese), a lo que me respondió: "¿Quién te pensás que sos para enseñarme algo? ¿Sabías que, lo que estás viendo, yo ya lo aprendí hace muchísimos años? Esas son todas cosas que aprendí en la alta educación. De hecho, es lo que intento hacerte entender desde hace meses". La conversación no fue así textual, pero sí muy similar. El llamado de agradecimiento había terminado en una oleada de insultos, gritos y malestar.

Mi cuerpo se estremecía por la angustia que ya no podía soportar. Terminé el llamado y el pensamiento automático que tuve fue: NO PUEDO MÁS. Estaba harta y cansada de la vida que estaba llevando. Sin embargo, hoy con otros ojos, puedo entender que no estaba cansada de la vida misma sino de la vida *vivida desde el ego*. Lentamente, me daba cuenta de que ya había dado todo lo que estaba a mi alcance dar, no me quedaba más amor para compartir, me había vaciado por completo, tampoco me quedaban fuerzas para seguir sosteniendo las historias de mi mente, ni deseos por continuar buscando insaciablemente la armonía constante con él.

En un acto sutil de presencia, sentí en lo más profundo de mí que, para enfrentarme al cambio real, debía utilizar una fórmula diferente. Comenzaba a invadirme la extraña y hermosa sensación de ya no importarme lo que sucediera fuera, algo muy interno me susurraba que el viaje de allí en adelante era hacia adentro. Esta experiencia, sin lugar a dudas, la considero muy espiritual. Intentaré poner en palabras lo que me sucedió, con el mayor detalle posible.

Claro está que había llegado a mi punto máximo de tolerancia. Ese día, al finalizar el llamado telefónico, elegí tirarme en la cama y buscar en la plataforma de Youtube una meditación para tener claridad mental. Antes de iniciar la meditación, preparé mi habitación para vivir ese momento con la mayor tranquilidad posible. Bajé la persiana, prendí un sahumerio y recuerdo haber prendido una lámpara que tenía forma de corazón. Mis ganas por volver a sentir eran exorbitantes. Me recosté en la cama y me regalé la oportunidad de volver a respirar: inhalé y exhalé muchas veces. Hacía tiempo que no tenía la capacidad de respirar de esa manera. Recuerdo que, al exhalar, una palabra clara llegó a mí: CONFIÁ. Era como si alguien me estuviera hablando. Pero no, estaba escuchándome a mí misma después de dos años de puro distanciamiento y disociación. Se sentía muy bien, aunque no entendía del todo qué era lo que estaba sucediendo. Hoy comprendo que no había nada que entender, solo tenía que dejarme sentir y abrirme a la experiencia que se avecinaba. La meditación comenzó... mi mente se puso en un estado total de relajación. Al finalizar, el hombre que dirigía la meditación dijo algo similar a: "Es probable que las respuestas no aparezcan ahora, simplemente continuá tu día con total normalidad y permití que la información que tenga que llegar, llegue cuando estés preparado".

Luego de unos pocos minutos de meditación, mis ojos se volvieron a abrir. Lo único que sentía era un estado de paz y total plenitud. Frente al último comentario que había escuchado de quien había guiado la meditación, me levanté de la cama y continué mi día con total normalidad. El dolor persistía, sin embargo, el sufrimiento había aminorado. Era como si hubiese despertado a una realidad diferente. No podía entender lo que sucedía, pero lo sentía bien. En otras palabras, lo sentía como en casa.

Al cabo de unas horas, como si se tratara de un gran acto de magia, una oleada de situaciones comenzaron a aparecer, sin ningún tipo de esfuerzo, en mí. ¿Cómo sucedió esto? Estar en aquel estado de presencia post meditación, sostenida por mi propia respiración consciente, sin darle identidad a mi mente, me condujo a tomar distancia de la historia que mi mente egoica intentaba sostener, a distanciarme de lo que estaba viviendo y ver todo desde una posición de observadora, sin juicios, como si fueran escenas de películas en donde los protagonistas éramos él y yo. Estaba experimentando un alucinante poder de abstracción y meta observación de la realidad en la que me encontraba sumergida.

La claridad que había pedido se estaba haciendo presente en mi vida. Sí, una ola gigante de liviandad estaba envolviendo mi experiencia y el regocijo interno era inexplicablemente aliviador. En el mismísimo acto de plena conciencia en que comencé a ver con total nitidez las distintas formas de manipulación que Tobías estaba empleando conmigo en diferentes situaciones, automáticamente tomé la decisión de llamarlo por teléfono. Este era, para mí, el fin y el gran comienzo de un eterno camino de sanación. La confianza, claridad y seguridad que había alcanzado eran abrumadoras. Ni yo podía entender la claridad que estaba manifestándose en mi vida. Estando al teléfono le dije (palabras más, palabras menos) que no le encontraba el sentido a seguir lastimándonos así y que la decisión que ese día sentía más acorde a la situación conflictiva que estábamos viviendo ambos desde hacía tiempo era que termináramos el vínculo. Le aclaré que, para terminar las cosas bien, nos reuniríamos cuando finalizaran nuestros días de encierro por Covid para darle un cierre al vínculo en persona. Su respuesta fue: "Mirá que no hay vuelta atrás". A lo que le respondí: "No te preocupes, la decisión está tomada."

Algo internamente me decía que, si tenía que ser, iba a ser de todas maneras, y que, si había verdadero amor, las circunstancias iban a estar más allá del ego.

Intenté, a través de estas líneas, transmitirte la importancia de tomar *distancia emocional* para poder ver la situación con una mayor perspectiva o, dicho de otra manera, desde un ángulo más elevado. Sin distancia emocional resulta muy difícil encontrar claridad. No podés sanar si te quedas en el mismo entorno en el que te enfermaste. Esto puede resultar muy fuerte para aquellas personas a las que les cuesta tomar la decisión de alejarse de los factores que han contribuido a la aparición de

heridas emocionales profundas. Sin embargo, todo puede cambiar si tomás la valentía (que ya habita en vos) y el impulso de distanciarte no solo física, sino mentalmente, para deconstruir todas esas ideas y/o creencias que sostienen tu malestar. Seguir inmovilizando tus energías por temor a lo que posiblemente sucedería si te movieras, es seguir alimentando el miedo. Y el miedo proviene del ego. El control de lo que pueda llegar a suceder afuera no está dentro de tu alcance, pero SÍ tenés un gran poder para comenzar a tomar decisiones que te moverán de donde estás.

Te comparto a continuación la meditación con el mudra[7] que me permitió encontrar claridad entre tanto enredo mental. Te invito a dejar las expectativas a un costado del camino y a entregarte en cuerpo, mente y alma a esta

---

7 Mudra: gestos que realizamos con las manos y nos ayudan a transformar la energía de nuestro cuerpo.

experiencia.

Los días post *claridad mental*

Somos un canal de infinita sabiduría y energía, cuando tenemos tanta emoción acumulada, el canal se estanca. Cuando soltamos y le damos rienda suelta a lo que nos pasa, la claridad aparece. A esa altura de mi vida ya no me importaba qué o quién había despertado todo mi dolor. Sabía, en el fondo, que aquel dolor me pertenecía y que la única forma de limpiarlo era sintiendo.

En el instante en el que se abrió ante mí la posibilidad de observar todo con mayor claridad, tomé la decisión de rendirme ante la vida, reiniciar mi existencia y volver a nacer. No había retorno. Sabía que el soltar me enfrentaba a una zona de riesgo a la cual mi ego se resistía, sin embargo, en esta lucha interna, algo me susurraba que la decisión que había tomado era la correcta. No le di espacio, ni mucho menos lugar a mi mente a que dudara de la decisión.

Me intenté mantener en estado presente, viviendo y pasando por el cuerpo la experiencia de soltar el peso de lo intolerable y el movimiento de energía que se estaba generando dentro de mí al estar dejando ir aquello que tanto me estaba pesando. No niego que lo sentía algo tenso, muy tenso, porque sabía que me estaba enfrentando a algo nuevo... y ya sabemos cómo reacciona nuestra mente frente a lo novedoso: *enseguida quiere controlar.*

No tenía energías para odiar. Tampoco para recriminarle todo el dolor y sufrimiento que me había hecho sentir. En lo profundo de mi interior sabía dos cosas: que todo el dolor que me había generado lo tenía también dentro de él y que la única que había elegido transitar el camino para terminar así había sido yo. No ganaba experiencia yendo a depositar en él toda mi bronca. Creía fervientemente que soltar el vínculo dando un fuerte abrazo iba a ser la despedida más grata que podía entregarle a una persona así. Pues el desamor que vivimos fue una experiencia que ambos materializamos, por tener ese desamor dentro nuestro. ¿A quién iba a estar culpando por esto? No se merecía que fuera a mostrarle los colmillos. Ambos teníamos la misma herida, sin embargo, cada uno portaba una máscara diferente.

¿Me explico cuando digo que ambos teníamos la misma herida, y que cada uno portaba una máscara diferente? La herida del *miedo al abandono* era exactamente la misma. Yo, desde mi herida, me distanciaba de todos mis círculos creyendo sus discursos, priorizaba su deseo por sobre el mío, me adaptaba a sus horarios, le permitía pisotearme y soportaba sin límite alguno cualquier maltrato o destrato que pudiera recibir de su persona, por el gran miedo a que me dejara si reaccionaba ante ello. Él, por su parte, tenía la necesidad de llenarse de planes, dedicarle horas y horas a su trabajo, priorizaba sus deseos por sobre los míos, salía con su grupo de *amigos* e iba construyendo su propio círculo de amistades armado por si yo me iba, para tener de dónde sostenerse.

La herida era exactamente la misma, simplemente que los egos se identificaban con distintas formas de sobrellevar el dolor que se escondía detrás de la máscara.

Justamente, el desafío que tenemos a la hora de vincularnos, y más aún en la pareja que es donde hay mucha carga afectiva, es permitirnos dejar caer las máscaras y conectar con la vulnerabilidad que subyace a la construcción que hicimos de nuestra personalidad (ego). Es en el proceso en el que las partes se muestran vulnerables donde el vínculo se construye desde bases más sólidas.

En la vulnerabilidad se esconde nuestra mayor fortaleza. ¿Qué quiere decir esto? La vulnerabilidad de ser quien somos en esencia se tapa con máscaras y formas que construimos por experiencias de dolor que vivimos. Es en la deconstrucción de estas máscaras donde encontraremos, en bruto, el dolor tapado que intenta, por todos sus medios, expresarse para liberarnos del peso de seguir sosteniendo la máscara que elegimos para mostrarnos fuertes frente al mundo.

Algo muy profundo adentro de mí me susurraba que algo debía transformarse, para darle vida a algo nuevo. Aún no sabía bien qué. Estaba bastante perdida, de hecho. Sin embargo, el gran espacio que estaba generando en mi vida al soltar este desamor, me abría las puertas a una nueva información, que comenzaba a aparecer llenando mis propios espacios vacíos de luz y amor.

Capítulo 9: El post corte es un reafirmarte en vos constantemente

El sutil regreso que hace

El gran regreso de este tipo de personalidad es muy común. Para ella, *perder* no es algo que exista en su mapa mental. El exceso de amor que tiene de su imagen externa no le permite entender que otra persona sea capaz de tomar distancia de ella, sin suplicarle su regreso.

No caigas en la historia que intenta mostrarte.

El cambio esporádico que muestra en su personalidad se debe al hecho de que se está dando cuenta de que "te está perdiendo". Que no te quepa la menor duda de que el cambio que te intenta hacer creer que hizo es totalmente temporal.

Mantra para mantenerte firme en tu decisión:

"Sin trabajo interno, no hay un cambio verdadero y

profundo".

Este fue el mismísimo mantra que me relaté para mantenerme firme en mi decisión cuando, después de tres días sin hablar, recibí un llamado telefónico de su parte. Recuerdo que estaba en el patio de mi casa, estudiando muy concentrada uno de los interesantes capítulos del Postgrado en Bioneuroemoción®, que aún estaba haciendo en ese momento. Atendí el teléfono y, en el mismísimo instante en el que percibió que estaba muy tranquila y en paz con la decisión que había tomado, me tuvo 35 minutos al teléfono a puro llanto. Con mi extremo nivel de empatía, por supuesto que su dolor llegaba a la profundidad de mi alma. Sin embargo, mis condiciones ya no estaban disponibles para seguir soportando el dolor de alguien más. Sabía muy bien que había llegado el momento de ocuparme de la reconstrucción de mi propia persona. La anorexia nerviosa que tenía en ese momento de mi vida (45 kilos), que no era ni capaz de percibir por lo distorsionada que tenía la mirada, no me permitía seguir llevando mis energías a Tobías. Era momento de volver a *observarme*.

Que no te tome por sorpresa que, en el afán por detener tu retirada, pueda volver a aparecer de alguna forma totalmente sorpresiva. En mi caso, recibí, en Navidad, el último mensaje de esta gran historia de desamor.

Que no te tome por sorpresa, ni mucho menos distraído/a, su reaparición

Mantenerte firme en la decisión que tomaste es de las partes, quizá, más difíciles de este proceso. Este tipo de personalidad vuelve de una manera en la que sabe muy bien, por el exhaustivo estudio que hizo de tu persona en su momento, qué decirte y cómo decírtelo, para que vuelvas a caer en su red. Resulta muy importante que te tomes el suficiente tiempo, si considerás dar respuesta, de no dejar espacio para que la conversación continúe. Si les das un mínimo de apertura a la conversación, entrará sin pedirte permiso, comportándose como al principio del vínculo y rememorando, quizá, alguna situación compartida juntos, para hacerte caer en la melancolía, para que vuelvas a necesitar la dosis de placer que te daba pasar tiempo con ella.

En mi caso, elegí dar respuesta, por la claridad y seguridad que había tenido a la hora de tomar la decisión de terminar el vínculo. Sabía muy bien que una respuesta no iba a hacerme trastabillar en mi discurso. De todas formas, te sugiero considerar el no abrirte al contacto nuevamente si creés que podrías llegar a volver a caer en su trampa. El post corte es una etapa de muchísima sinceridad con vos mismo/a. Cualquier mínima acción inconsciente, sin presencia, te llevará a volver a inclinarte hacia aquella información conocida y transitada.

Dejate ayudar por un profesional

Después de un vínculo así, reconstruirte solo/a es un camino difícil. No diría que imposible, sin embargo, el nivel de sufrimiento que se tiene cuando elegís tomar distancia de este tipo de personas es envolvente y muy profundo. Se hace muy necesario que te dejes acompañar por alguien y que comiences a desentrañar todo lo que viviste desde tu adulto/a responsable, comenzando el proceso por auto cuestionarte: "¿qué tuvo que ver conmigo todo esto que viví?"

Dejarte ayudar implica que te armes de humildad, valentía, tenacidad y es una manera de decirte que sí, que *merecés cuidarte y que te cuiden.*

No te canses de expresarte

Tomalo como parte del proceso. Expresar será de los recursos más potentes que tendrás a tu alcance para escucharte mientras hablás y comenzar a darte cuenta de que todo fue una red que se fue tejiendo con una misma información por detrás. Aceptate humano/a en este proceso de reconstrucción. Está bien sentir enojo y también está bien si sentís unas profundas e intensas ganas de llorar sin parar. No sos ni el enojo ni la tristeza que inunda tu sistema, sos la quietud que observa eso que sucede adentro tuyo.

El enojo no es con tu ex pareja, viene arrastrado de alguna experiencia que viviste en tu infancia y reprimiste. Necesitaste un personaje en el escenario de tu vida para reflejar aquel enojo que tenías dentro e inconsciente. No te limites a la historia que viviste con tu pareja, permitite *ir más allá.* Permitite ir hacia las profundidades de tu propia historia de vida. Allí es donde irás encontrando las respuestas.

No te mientas, contacto cero

La mente será tu gran enemiga en este proceso. Podrá hacerte creer, al cabo de un tiempo, que ya estás con tus límites más marcados y caerás en enviarle un mensaje preguntándole cómo está, por ejemplo. Este tipo de acciones pueden conducirte a trastabillar en tu decisión, sin siquiera ser consciente de ello. No confíes en los juegos de tu mente, que intentará con todas sus fuerzas hacerte creer que *no fue tanto* lo que viviste. Cuanto menos sepas de su vida, mejor. Continuar fijándote qué hace o deja de hacer en sus redes sociales puede ser de las acciones que más retrasarán el proceso de reconstruirte. Silenciá sus historias y publicaciones de redes sociales si no te animás a dejar de seguir a esta persona. No te mientas. De nada vale que continúes con tu foco de atención puesto en su persona. Es hora de OBSERVARTE y, para ello, se hace necesario que te desprendas de todo aquello que te recuerde al vínculo que estableciste.

Capítulo 10: No te sientas solo/a

Te compartiré la experiencia de una consultante que atendí en Bioneuroemoción® y que, salvando las distancias, vivió un vínculo muy similar al compartido a lo largo de este libro:

Consultante. Mujer de 40 años.

La consultante vivió una niñez con sus padres juntos, aunque recuerda un ambiente emocional con mucho caos a lo largo de su infancia. Ella, dentro de su sistema familiar, optó por desempeñarse como la mujer "fuerte" y acompañar a su hermanito menor en la época en la que su madre **había enfermado**.

Sus padres, al día de la fecha de la consulta, continuaban juntos, aunque dormían en camas separadas. Adhería, la consultante, que sostenían el vínculo más por mandato que por amor.

Al padre lo **recordó** como una figura muy abocada a su trabajo y bastante ausente. Un aspecto que mencionó a lo largo de la consulta con mucho dolor, además de la ausencia, fue la desprotección que sintió a lo largo de su infancia **de** parte de él, tildándolo, al mismo tiempo, como una persona con muy poca rigidez. Vivió a la figura que tenía de referencia como padre, como una persona muy permisiva y de pocas reglas.

En mis consultas, para que el consultante tenga un espectro un tanto más amplio a lo que suele ver de su realidad, considero importante preguntarle sobre la vida del padre, para que pueda comprender con una mayor profundidad por qué fue o se comportó de cierta manera.

Mencionó que el padrastro de su padre nunca lo había aceptado y que la madre, en este caso la abuela paterna de la consultante, permitía que el padrastro la anulase como persona.

Podemos ver, a través de esta experiencia, cómo el padre se zambulle en su vida profesional como mecanismo de escape y repite la experiencia de su infancia: "mi madre permite que mi padrastro me anule", entonces, "me dejo anular por mi mujer en mi vida adulta".

La madre de la consultante era ama de casa, aunque la destacó como a una mujer muy dominante que manejaba la economía de la casa. La consultante aclaró en este momento que nunca llegó a enfrentarse a esta madre tan fuerte, por miedo a que reaccionara de alguna forma que la paralizara. Prefirió, durante gran parte de su vida, callarse y optar por no llevarle la contra. Además, la madre de la consultante fue una mujer que pasó gran parte de su vida anulando a su propio marido y se encargó de hablar mal de él.

Con mucha angustia, mencionaba que, por el estilo de madre que tuvo, su padre jamás se había sentado a hablar con ella y que, justamente, era siempre la madre la que mediaba las conversaciones e interceptaba el vínculo entre ella y su padre. También vivió un intenso sentimiento de soledad a lo largo de toda su infancia.

En su vida adulta contrajo matrimonio con un hombre con el que **tuvo** una relación de unos 20 años de duración. Detalló que el vínculo con su marido lo había **iniciado** para olvidar a otro, es decir, que **tapó** un vacío con este **él**. Lo **definió** como a un **hombre** que era muy protector, la cuidaba, muy amiguero, **con** una personalidad muy elocuente y que todo lo podía. Decía: "Él lo sabía todo". Todas proyecciones que hizo sobre su ex marido, buscando en él al padre que no había tenido. Tuvo, durante muchos años, plena admiración y seguridad hacia él. Sin embargo, su propio marido le decía: "Yo no tengo plata, vos sos la que tiene". Podemos ver, en esta frase, cómo el hombre se sentía menos que la mujer. El sentimiento del hombre *anulado* se reflejaba en la experiencia de vida adulta de la consultante.

Estas proyecciones positivas que la consultante hacía **de** su ex marido la **fueron** llevando, lentamente, a ir creando en ella una gran sombra de todo lo que veía en él y **que** no se permitía ver en ella misma. Síntomas como fobias, ataques de pánico, ansiedad, anorexia nerviosa, depresión... **Su cuerpo comenzó** a somatizar mientras se vinculaba con **él**.

Mencionó que a lo largo del vínculo vivió momentos de muchísima confusión en **los que** el ex marido le decía: "vos sos muy buena madre y buena trabajadora, pero mirá cómo descuidás a la familia y la casa". Entonces, ¿era realmente buena madre o descuidaba la familia y en realidad no lo era? La consultante comenzaba, con estos discursos, a no tener claridad respecto a qué era de ella y que era de él.

Cuando se **divorciaron**, el marido le **confesó**: "Siempre me sentí muy anulado y que yo no valía en casa". La misma anulación que vivió el padre de la consultante con su mujer. La creencia que ella tenía muy presente al separarse de él fue: "No voy a poder sola". Se sentía totalmente desprotegida. Justamente la experiencia de alejarse de la persona en la que ella había proyectado que la "protegería", le despertaba la misma sensación de desprotección que había vivido con la figura de su padre cuando ella era chiquita.

La experiencia de la consultante a lo largo de su vínculo con su ex marido reflejaba y ponía de manifiesto las heridas que le habían quedado sin sanar de su infancia. Ambos tenían activado un programa de *desvalorización*. Ella, a pesar de su sumisión, era muy controladora al igual que su madre, él expresaba su propia desvalorización inconsciente desvalorizando a la mujer, haciendo uso de varios discursos para descalificarla y ubicarla en un lugar inferior.

Teniendo en cuenta que aquellos conflictos que quedan sin resolver con nuestro sistema familiar se proyectan en los vínculos que formamos a lo largo de nuestra vida adulta, la conclusión final con respecto a esta consultante sería:

"Mi padre no cubre con las expectativas que tengo de él, por lo que busco un hombre a quien admirar".
"No sé cómo frenar a mi madre, por lo que, tampoco sé frenar a mi pareja en sus discursos".

Epílogo: Todo empieza y termina adentro tuyo

Vamos llegando lentamente al inicio de un viaje, que se va disfrazando de final. El principio de un gran camino que empieza y termina adentro tuyo. No intentes llegar a ningún sitio. Ya llegaste.

Ya estás sintonizando con tu propio canal de vida. Es un camino de liberación muy grande el comenzar a *responsabilizarte* por tus propias creaciones. Lo estás haciendo, y con creces, animándote a desafiar cada una de las historias que sostuvieron, durante tantos años, tus propios excesos. Animándote, también, a darle rienda suelta a la emoción reprimida y a toda la energía estancada y no exteriorizada.

Ya comenzaste a desvanecer la fuerza de tu máscara para vulnerabilizar tu propio cascarón y encontrarte con la magia que subyace al disfraz que elegiste para defenderte de las heridas de tu infancia.

Ya alcanzaste un estadío en el que comenzás a construir tu propio camino, alineado a tus deseos más profundos. Lo estás haciendo.

En este viaje que inicia y termina en vos, la sabiduría de tu cuerpo intentará, con todas sus fuerzas, transmitirte el mensaje para que puedas ir a la raíz. Este es el gran camino del Ser, aquel que busca expandirse a través de la experiencia. *Nunca más te olvides de escucharlo.* Él te servirá de guía. En el camino de regreso a nosotros mismos, la sabiduría no hace las paces con nuestras ganas de tener razón. Dicho en otras palabras, la sabiduría no hace las paces con el ego. Es acá donde yo me dejo sostener en mi proceso por un profesional mientras voy cambiando de piel. Y ante la duda, SIEMPRE abro el corazón y me permito su expresión.

Ya estás en el gran camino de las almas valientes que trascendieron su ego y hoy se animan a ver, con ojos de amor, a la persona que acompañó una gran etapa de sus vidas. Nunca te olvides de que *te enamoraste de tu propio reflejo*: tus heridas, tus miedos, tus sombras, tus dolores y los más íntimos recuerdos de tu infancia. Hoy, sos consciente de que amar al otro es amarte y es abrazar con mucho amor tu propia historia. Honrando en este viaje, también, la vida de todos tus ancestros, que te impulsaron a que vivas esta experiencia para que aprendieras la sabia lección de *amarte y elegirte por sobre todas las cosas*. Ellos no pudieron, vos sí. No desistas, el amor inicia y termina en vos.

Utilizar, de aquí en adelante, a tu *esencia* como madre guía de tus decisiones y no a tu *apariencia*, será tu mayor recurso para empoderarte en este gran viaje de sanación.

En este camino...
Querete hasta que logres enfrentarte
con la herida nuevamente y puedas
gestionarla con amor.
Querete hasta que te sientas en total
armonía al volver a conectarte con
aquella información que tanto te
desconectó y anuló.
Querete hasta que puedas mirar con
ojos de profundo amor, a aquellas
personas que atraés y que portan la
misma información de siempre.
Querete hasta que recuerdes con amor
a quien te lastimó.
Querete hasta que alcances la maestría
y puedas ponerle luz a tu sombra con
total naturalidad.
Querete hasta que salgas del bucle y
logres encaminarte hacia el próximo
aprendizaje.
Querete hasta que el pasado se
convierta en sabiduría en tu presente
y el futuro sea la construcción de
la persona que ELEGÍS SER a cada
instante.
**Querete hasta que te olvides de por
qué no lo hacías.**

Como siempre digo: Taca taca, pim pam pum.

Mi despertar, es el tuyo también.
Con amor,

Contenido